Oetinger

Sämtliche Illustrationen: Julia Kaergel
Fotos und sonstige Abbildungen:
S. 23 Ml: © ESA Paris
S. 37 or: © astrofoto.de
S. 52 ol, oMl, ur, uM, ul: © Julia Kaergel
S. 92 Mr: © Life im Weltraum, Amsterdam 84
S. 70 M; S. 71 Mr; S. 72 Mr; S. 79 ru; S. 98 ol, oM, oMr, or; S. 100 Mr: © Nasa
S. 22 or; S. 36 ol: © Max Prugger, München
S. 44 ol; S. 55 or; S. 60 Mr: © Peter Stättmayer, Bayerische Volkssternwarte München
Alle übrigen Fotos und Abbildungen: © Deutsches Museum

o = oben; l = links; r = rechts; ol = oben links; oMl = oben Mitte links;
oM = oben Mitte; oMr = oben Mitte rechts; or = oben rechts;
Ml = Mitte links; M = Mitte; Mr = Mitte rechts; u = unten; ul = unten links;
uMl = unten Mitte links; uM = unten Mitte; uMr = unten Mitte rechts;
ur = unten rechts

Trotz sorgfältiger Recherche war es nicht möglich, alle Rechteinhaber zu ermitteln.
Rechteinhaber werden gebeten, sich an den Verlag zu wenden.

© Verlag Friedrich Oetinger GmbH, Hamburg 2010
Alle Rechte vorbehalten
Einband und Innenillustrationen: Julia Kaergel
Layout: Jonas Schenk
Druck und Bindung: Offizin Andersen Nexö, Leipzig
Printed in Germany 2010
ISBN 978-3-7891-8456-7

www.oetinger.de

Gaby Rebling

Mit Oskar ins Weltall

Geschichten mit Sachwissen

Bilder von Julia Kaergel

Verlag Friedrich Oetinger · Hamburg

Inhalt

Oskar

*H*allo, ich bin Oskar. Ich lebe in der Sternwarte des Deutschen Museums in München, solange ich denken kann. So eine Sternwarte ist ganz nützlich, wenn man nachts die Sterne am Himmel beobachten möchte. Und das möchte ich, jeden Tag! Sternwarten sind meistens Kuppeln. Sie sehen aus wie eine halbe Kugel. Meine Sternwarte ist eine halbe grüne Kugel, die auf dem Dach vom Deutschen Museum sitzt. Von hier aus kann ich mit einem Teleskop – das ist ein großes Fernrohr – nach Sternen Ausschau halten. Meine Sternwarte ist ziemlich groß und innen ganz aus Holz, auch der Fußboden. Das mag ich, weil es bei jedem Schritt so schön knarrt.

Aber eigentlich ist es gar nicht meine Sternwarte. Eigentlich ist es die Sternwarte von Oskar von Miller. Er hat das Deutsche Museum vor ein bisschen mehr als 100 Jahren gegründet. Alles Wichtige aus Technik und Natur hat er zusammengetragen und im Deutschen Museum ausgestellt.

Das Besondere an einer Sternwarte ist, dass man sie weit aufmachen kann. Aus der Kuppelhaut lässt sich ein Stück herausschieben. Dann sieht man den ganzen Himmel und nachts natürlich die Sterne. Im Moment kann man den Winterhimmel sehen.

Ich bin ein richtiger Sterngucker. Mal schauen, ob ich den Polarstern finde. Na klar, wie immer ist da eine Wolke vor dem Polarstern! Zum Glück zieht sie gleich weiter.

Wenn ich mir den Polarstern so anschaue, bekomme ich große Lust zu reisen. Reisen mache ich am liebsten, egal, ob in die Vergangenheit oder in die

Zukunft. Heute besuche ich mal ein paar Freunde, die den Himmel genauso mögen wie ich. Mit meinem Propeller geht das ganz leicht. Den brauche ich nur einzuschalten und schon fliege ich los. Bis gleich!

1. Caroline im Weltall

*E*s ist schon spät, als Oskar über Carolines Stadt fliegt. Die bunten Lichter unter ihm findet er so toll, dass er Carolines Haus fast verpasst. Doch im letzten Moment sieht er etwas Grünes leuchten. Das kommt aus Carolines Zimmer! Denn am Abend leuchtet Carolines Zimmer oft ein bisschen grün, weil sie meistens kein Licht anmacht und so nur das Licht vom Bildschirm ihres Computers in die Nacht hinaus scheint. Oskar landet auf Carolines Balkon und klopft an die Balkontür. Caroline macht die Tür auf.

„Hallo, Oskar!", sagt sie erfreut, „schön, dass du mich besuchst."

„Guten Abend, Caroline!", begrüßt Oskar sie, „ich dachte, wir könnten mal wieder über Sterne reden. Seit du das letzte Mal bei mir im Museum warst, haben wir das nicht mehr gemacht."

„Prima!", sagt Caroline, „komm rein! Ich halte gerade einen Plausch mit XX7. Das ist am Abend immer so gemütlich, wenn es draußen schon dunkel ist und die Sterne funkeln."

„XX7, ist das dein neuer Computer?", fragt Oskar.

„Oskar", sagt Caroline, „du kennst doch XX7! Den habe ich doch schon lange."

„Ja, natürlich!", antwortet Oskar. „Du hast ja recht. Ich hatte ganz vergessen, wie der heißt."

„Schusselig wie immer, was?", lacht Caroline und schreibt mit der Tastatur auf den hellgrünen Bildschirm: „Wir haben Besuch, XX7. Oskar ist da."

„Brrrt-rtttt", macht es und dann antwortet der Computer: „Computer an Caroline: Einen wunderschönen guten Abend an Oskar wünscht XX7."

„Ich hoffe, XX7 hat einen großartigen Tag gehabt", sagt Oskar, und Caroline
tippt es ein.

„Das kann man wohl sagen", liest sie auf dem Bildschirm. „Ich bin stundenlang durchs Weltall gesurft und habe eine wundervolle Verbindung zu
einem Stern aufgebaut. *Alpha Canis Majoris* heißt er. Er gehört zum Sternbild
Großer Hund. Aber die meisten nennen ihn Sirius."

„Stopp mal, XX7", unterbricht ihn Caroline, „den muss ich mir gleich ansehen.
Da oben, der ganz helle, der ist es, oder? Zeichne doch bitte einen Pfeil an den
Himmel, XX7, damit ich sehen kann, ob ich auch den richtigen Stern meine."

„Donnerwetter, was dein XX7 alles kann!", ruft Oskar erstaunt.

Denn oben am Himmel leuchtet tatsächlich ein Pfeil, der haargenau auf den
Sirius zeigt, der eigentlich *Alpha Canis Majoris* heißt.

„Super, danke, XX7!", tippt Caroline, und der hellgrüne Bildschirm blinkt.

„Du hast es gut", schreibt sie weiter. „Während ich in der blöden Schule hocke, kannst du im All herumsurfen und Sterne kennenlernen."

„Dann komm doch morgen mal mit", antwortet XX7.

Wow, das wäre toll, mit XX7 ins All zu fliegen! Aber Caroline weiß, dass das nicht geht. Ihre Mutter wäre stocksauer, wenn sie die Schule schwänzen würde. Und ihre Lehrerin, Frau Trockenbrot, würde einen ihrer Zeteranfälle kriegen: „Typisch Caroline! Hat den Unterricht am nötigsten und schwänzt!"

Also schreibt Caroline: „Sorry, XX7, daraus wird leider nix, die Schule geht vor."

Sie schaut hinaus in den glitzernden Abendhimmel und seufzt.

Da flackert der grüne Bildschirm auf einmal wie wild und XX7 meldet sich ganz aufgeregt: „Brrrkthqbtrxt ... Dann saust du eben jetzt los."

„Wie, jetzt gleich?", fragt Caroline erstaunt.

„Wenn du Lust hast!", antwortet XX7.

Na, und ob Caroline Lust hat!

„Kommst du auch mit, Oskar?", fragt sie.

„Selbstverständlich! Für ein Abenteuer bin ich immer zu haben", ruft Oskar begeistert.

„O. k.!", surrt XX7. „Am besten, ihr nehmt den Sender mit. Dann könnt ihr euch jederzeit aus dem All bei mir melden."

„Ich packe den Sender gleich in meine Jackentasche. Die hat einen Reißverschluss. Da kann er nicht verloren gehen", sagt Oskar.

Caroline nickt und XX7 surrt jetzt ganz laut: „Es kann losgehen. Take off! Düpdüpdüpdüpdüpdüpdüp."

Caroline fühlt, wie ihre Zehen anfangen zu kribbeln. Und auch Oskars Zehen kribbeln plötzlich ganz doll. Erst kribbeln die kleinen Zehen, dann alle, die

Füße, die Beine, der Bauch, die Arme, die Hände und der Kopf. Alles kribbelt. Schließlich werden Oskar und Caroline ganz leicht und auf einmal schweben sie. Wie die Vögel fliegen sie durch die Balkontür hinaus, über die Dächer der Stadt, direkt in den Himmel. XX7 beamt sie tatsächlich zu den Sternen. Sie sausen immer schneller, immer weiter hinaus ins All.

„Sssssssssssssss! Hilfe, es dreht sich alles!", ruft Caroline.

„Ja, mir ist auch schon ganz schwindelig", stöhnt Oskar, „es ist verrückt, wie schnell wir durch den Himmel düsen. Kaum sind wir an einem Stern vorbei, rasen wir schon auf den nächsten zu."

Doch dann ... Was ist das? Plötzlich werden sie langsamer, immer langsamer.

Wie in Zeitlupe schweben Caroline und Oskar jetzt durch den Himmel.

„Warum nicht gleich so? Jetzt können wir die Sterne wenigstens in Ruhe ansehen", sagt Oskar erleichtert.

„Sie sind wunderbar", sagt Caroline, „und jeder ist anders. Das ist wirklich absolut einzigartig. Wenn ich das in der Schule erzähle, glaubt mir doch keiner! Dort hinten, der blaue Ball, ist das etwa unsere Erde, Oskar?"

„Ja, das ist unsere Erde. Sie schimmert so blau, weil es so viele Meere auf ihr gibt. Wenn du willst, kann ich dir ein bisschen was über den Himmel, die Sterne und unsere Erde erzählen", schlägt er vor.

„Au ja!", ruft Caroline begeistert.

Unser Himmel

S eit es Menschen auf der Erde gibt, also seit über 100 000 Jahren, staunen sie Nacht für Nacht über die Sterne an unserem Himmel. In einer klaren Nacht können wir von einer Hälfte der Erde aus mehr als 2000 Sterne am Himmel sehen. So viele kann man kaum zählen. Nicht immer sind es die gleichen Sterne am Himmel. Wie es Winter und Sommer gibt, gibt es auch einen Winterhimmel und einen Sommerhimmel.

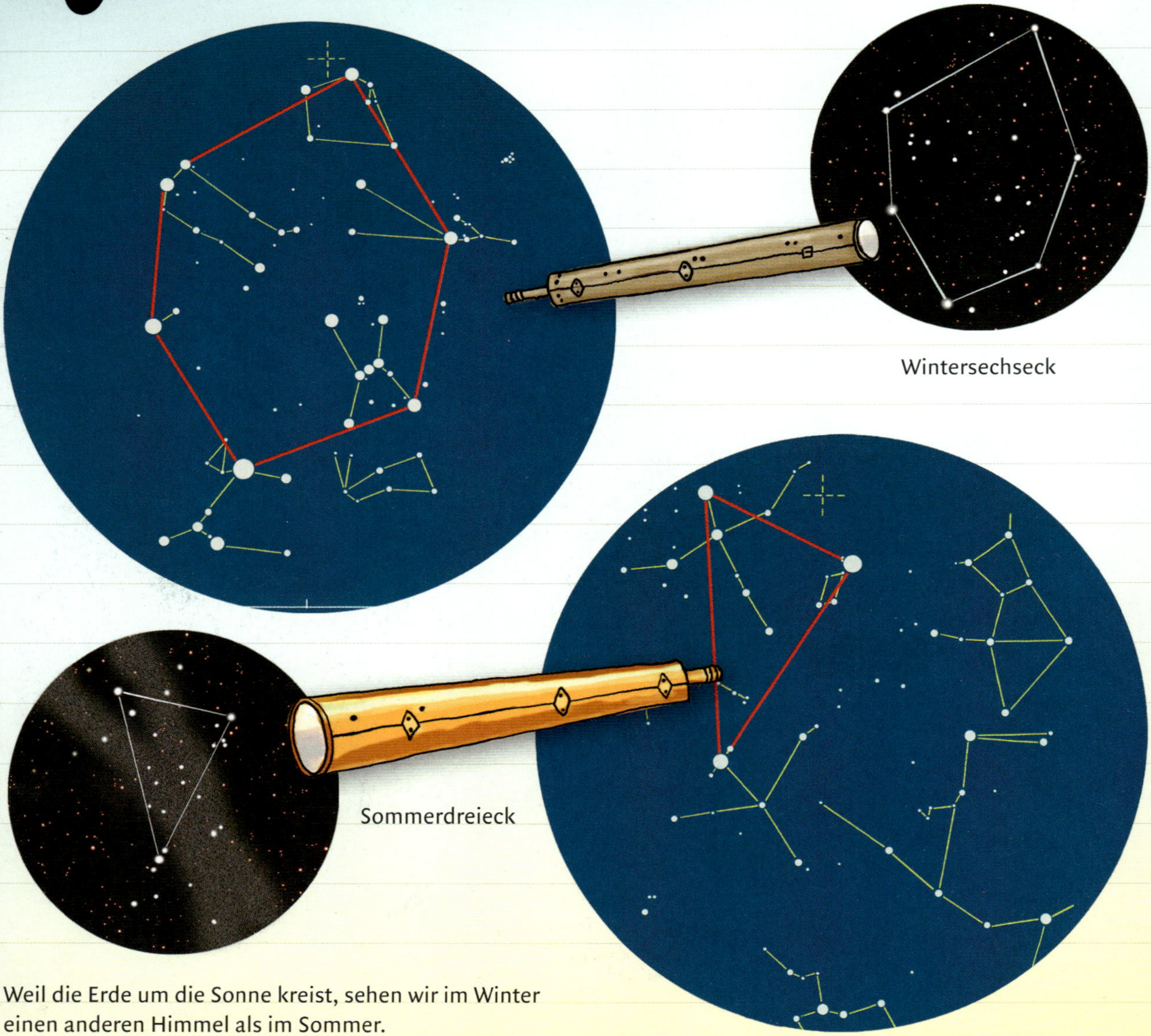

Wintersechseck

Sommerdreieck

Weil die Erde um die Sonne kreist, sehen wir im Winter einen anderen Himmel als im Sommer.

IN AFRIKA IST DER STERNENHIMMEL ANDERS ALS AM NORDPOL UND AM NORDPOL ANDERS ALS AM SÜDPOL. ES KOMMT IMMER DARAUF AN, VON WO MAN DEN STERNENHIMMEL SIEHT. DENN ÜBERALL RUND UM UNSERE ERDE GIBT ES STERNE.

Sterne leuchten nicht immer weiß. Manche sind gelb, andere rot, orange oder bläulich.

Unsere Erde

Aus dem All gesehen, ist unsere Erde ein blauer Planet, weil es so viele Meere auf ihm gibt.

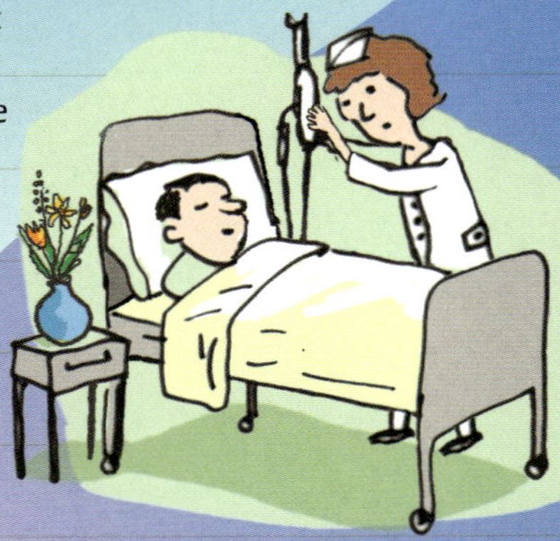

Überall dort, wo das Licht der Sonne auf die Erde fällt, ist es Tag. Auf der unbeleuchteten Seite ist es dann Nacht.

Wie der Mensch sind auch die meisten Tiere tagsüber wach. Aber es gibt Ausnahmen: Feuerwehrleute und Krankenschwestern sind Tag und Nacht im Einsatz, Fledermaus, Katze und Eule gehen nachts auf Beutefang.

Versuch: Tag und Nacht auf der Erde

1. Du brauchst einen aufgeblasenen Luftballon. Das ist die Erde. Du kannst mit einem Filzstift Erdteile daraufmalen.

2. Du machst eine Taschenlampe an und das Licht aus.

3. Jetzt beleuchtest du deine Erde. Wenn du deine Erde drehst, siehst du, wo es gerade Tag oder Nacht wird.

Warum gibt es Leben auf der Erde?

Die Erde ist umgeben von einem Luftmantel, in dem Sauerstoff ist. Den nennen wir Atmosphäre. Menschen, Tiere und Pflanzen brauchen diesen Luftmantel zum Leben. Die Menschen und Tiere atmen den Sauerstoff ein und Kohlendioxid wieder aus. Die Pflanzen nehmen Kohlendioxid auf und scheiden Sauerstoff aus.

Erdmantel

Darum liegt der Erdmantel. Er besteht aus heißem, flüssigem Gestein und ist ganz schön dick.

Kern

Innen ist ein ganz fester Kern. Er ist sehr, sehr heiß, 6700 °C heiß, heißer, als es auf der Sonne ist.

Erdkruste

Die äußere Schicht ist die Erdkruste. Sie ist dafür ziemlich dünn, wie die Eierschale bei einem Ei.

Atmosphäre

Umgeben ist die Erdkruste von einem noch dünneren Mantel aus Luft. Je weiter die Luft von der Erde weg ist, umso dünner wird sie.

Ozonschicht

An der Grenze der Lufthülle ist noch eine Schutzschicht aus Ozon. Sie schützt uns vor den Sonnenstrahlen. Doch leider hat sie schon ein riesiges Loch, weil auf der Welt zu viele Abgase entstehen.

NIE OHNE SONNENSCHUTZ IN DIE SONNE, AM BESTEN MIT EINEM HOHEN LICHTSCHUTZFAKTOR. UND MIT SONNENMILCH IST DAS EINCREMEN HALB SO SCHLIMM. JETZT FEHLT NUR NOCH EIN SCHICKER HUT AUF DEM KOPF.

„Dein Himmelsvortrag war richtig spannend, Oskar", schwärmt Caroline und schaut ihn ganz begeistert an.

„Nun übertreib mal nicht", sagt Oskar verlegen. „Komm, wir wollen weiter." Doch dann merkt er, dass das gar nicht geht. Sie sind irgendwo mitten im All gefangen und kommen nicht vorwärts, keinen einzigen Schritt. Wie angewurzelt schweben sie auf der Stelle.

Und auf einmal steigt vor ihnen ein Nebel auf. Er legt sich ganz dicht um Oskar und Caroline, so dicht, dass sie sich fast nicht mehr sehen können. Caroline greift schnell nach Oskars Hand und hält sie fest. Jetzt taucht langsam ein großer Mann aus dem Nebel auf. Er ist mit lauter Sternen bekleidet. Die Sterne an seinem Gürtel leuchten so hell, dass sie Caroline blenden. Sie muss die Augen zusammenkneifen.

„Siehst du den Sternenmann?", flüstert Caroline.

„Ja!", sagt Oskar. „Das ist Orion."

„Richtig, ich bin Orion und stamme aus Griechenland", sagt der Mann.

„Aus Griechenland?" Caroline überlegt. Irgendwo hat sie schon einmal etwas über Griechenland gehört. Caroline erinnert sich, dass Frau Trockenbrot in der Schule mal eine Geschichte über die alten Griechen vorgelesen hat. Aber Caroline hatte sich wie immer die Ohren zugehalten, weil sie die schrille Stimme von Frau Trockenbrot nicht ausstehen kann. So hatte sie nichts mitbekommen von den Griechen.

„Und was machst du hier im Himmel?", fragt sie neugierig.

„Das ist eine lange Geschichte", antwortet Orion.

„Dann erzähl sie uns!", bittet Oskar.

„Mit Vergnügen! Also, ich bin in Griechenland geboren, genauer gesagt in der griechischen Erde. Deshalb heiße ich auch Orion. Orion bedeutet näm-lich ‚in der Erde geboren'. Ich habe drei Väter", erzählt Orion.

„Was, gleich drei Väter? Das kann doch nicht sein!", protestiert Caroline.

„Das ist aber so", sagt Orion. „Alle drei sind Götter, der Meeresgott Poseidon, der Götterbote Hermes und der oberste aller Götter, Zeus. Eines Tages machten sie einen Spaziergang auf der Erde. Sie hatten sich gut verkleidet, denn sie wollten nicht erkannt werden. Schließlich sollte nicht jeder gleich merken, dass sie Götter waren. Gegen Abend trafen sie einen alten Mann. Den fragten sie nach einem Wirtshaus, weil sie durstig waren.

‚Ihr könnt gerne bei mir etwas trinken. Meine Hütte ist gleich da vorne', sagte der alte Mann. Die drei Götter bedankten sich und gingen mit dem alten Mann in die Hütte. Dort bot er ihnen einen Becher Wein an.

‚Mmh, was für ein köstlicher Tropfen!', schwärmte Poseidon. ‚Zeus, was sagst du dazu?'

Der alte Mann stutzte. Hatte er richtig gehört? Hatte er den Namen Zeus ge-hört? War einer seiner Gäste wirklich Zeus, der oberste aller Götter? Dann konnte er doch nicht nur einen Krug Wein anbieten. In Windeseile kochte er ein köstliches Essen. Und die Götter ließen es sich schmecken. Zum Ab-schied sagte Zeus: ‚Du hast hervorragend für uns gekocht. Wenn du einen Wunsch hast, wollen wir ihn dir erfüllen.'

‚Ach!', sagte der alte Mann, ‚ich hätte schon einen Wunsch. Aber ob ihr den erfüllen könnt? Ich hätte so gerne ein Kind. Das Liebste, was ich hatte, war meine Frau. Doch sie starb, bevor wir ein Kind bekamen. Ein Kind würde ich gerne haben. Es ist mein sehnlichster Wunsch.'

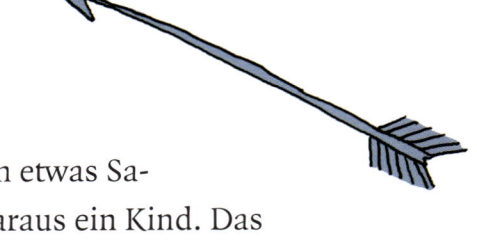

Die Götter erfüllten ihm diesen Wunsch. Sie legten etwas Samen in die Erde und nach zehn Monaten wuchs daraus ein Kind. Das Kind war ich."

„Das ist ja eine verrückte Geschichte!", ruft Caroline. „Aber ich verstehe immer noch nicht, warum du nun am Himmel bist."

„Geduld, Geduld!", sagt Orion. „Also, der alte Mann zog mich groß. Wir verbrachten viel Zeit im Wald und durch ihn lernte ich jagen. Das wurde bald zu meiner Lieblingsbeschäftigung. Doch Artemis, die Göttin der Jagd, machte mir oft einen Strich durch die Rechnung. Sie wollte die Tiere im Wald beschützen und ermahnte mich deshalb häufig, nicht zu viel Wild zu jagen. Aber mein Jagdfieber ging immer wieder mit mir durch. Deshalb beobachtete sie mich ständig.

Jeden Abend musste Artemis für den Sonnengott Helios den Mond anzünden. Doch eines Abends vergaß sie es, weil sie so sehr damit beschäftigt war, mich im Auge zu behalten. Darüber war Helios verärgert. Zur Strafe blendete er mich mit seinem hellen Licht. Ich sah nichts mehr und tappte völlig hilflos im Wald umher. Plötzlich stolperte ich und ein Pfeil aus Artemis' Bogen traf mich. Die arme Artemis war völlig verzweifelt. Sie hatte mich doch nicht töten wollen. Als Wiedergutmachung bat sie unseren Vater Zeus, mich in den Himmel zu bringen. Und da stehe ich nun seit dieser Zeit."

Kaum hat Orion seine Geschichte zu Ende erzählt, verschwindet er wieder, so langsam, wie er gekommen ist. Zurück bleiben nur seine Sterne.

Caroline ist ganz verdattert.

„Hast du das gehört, Oskar?", stottert sie.

„Ja, klingt wirklich unglaublich!", antwortet Oskar. „Aber es ist gar nicht so abwegig. Orion ist nicht das einzige Sternbild am Himmel. Hast du Lust, die anderen auch kennenzulernen?"

„Ja, gerne!", ruft Caroline ungeduldig.

Sterne und Sternbilder

Die Milliarden Sterne an unserem Himmel sind unvorstellbar weit von uns entfernt, viele, viele Millionen Kilometer und noch mehr. Deshalb sehen wir sie nur als kleine Lichtpunkte am Himmel. Diese Lichtpunkte haben die Menschen schon vor mehr als 3000 Jahren im Kopf miteinander verbunden und zu Bildern zusammengesetzt. So haben sie viele verschiedene Figuren erfunden und sie Sternbilder genannt.

Der Sternenhimmel hat sich in den letzten 4000 Jahren so gut wie gar nicht verändert. Die Menschen damals haben den gleichen Sternenhimmel beobachtet wie wir heute.

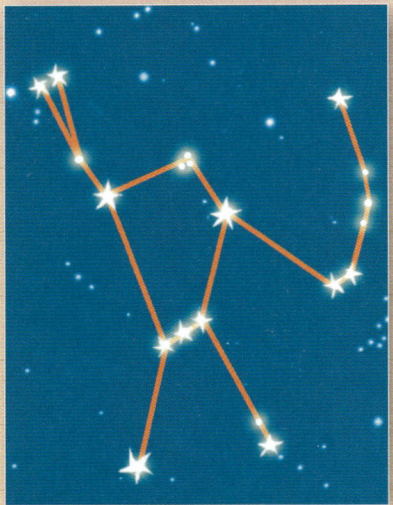

Orion am Winterhimmel

Die Leier am Sommerhimmel

Versuch: Zeichne dein eigenes Sternbild

1. Suche dir am Abend Sterne am Himmel aus und überlege dir, wie du sie verbinden möchtest.

2. Zeichne sie auf ein Blatt und verbinde sie mit Linien.

3. Gib deinem Sternbild einen Namen.

4. Dann kannst du dein Sternbild in ein Buch kleben und du hast dein eigenes Sternenbuch.

Die alten Griechen setzten die Sterne so in Sternbilder um, dass sie ihre Götter, Helden und Tiere abbildeten. Hier siehst du die Zwillinge Castor und Pollux.

POLLUX UND CASTOR WAREN ZWILLINGE UND UNZERTRENNLICH. CASTOR WURDE IM KAMPF GETÖTET.

POLLUX VERMISSTE SEINEN BRUDER SO SEHR, DASS SEIN VATER ZEUS IHM ERLAUBTE, ZUSAMMEN MIT CASTOR ABWECHSELND IM REICH DER TOTEN UND IM HIMMEL ZU LEBEN.

SPÄTER SETZTE ZEUS DIE BEIDEN IN DEN HIMMEL, WEIL SIE SO TREU ZUSAMMENGEHALTEN HATTEN.

Die Sternzeichen

Rund um die Erde hat man am Himmel zwölf Sternbilder eingeteilt. Wir nennen sie die zwölf Tierkreissternbilder.

Die Erde kreist um die Sonne und kommt dabei an allen Tierkreissternbildern vorbei. In der zweiten Dezemberhälfte wandert die Erde zum Sternbild Zwilling. Die Sonne verdeckt das Tierkreissternbild Schütze genau

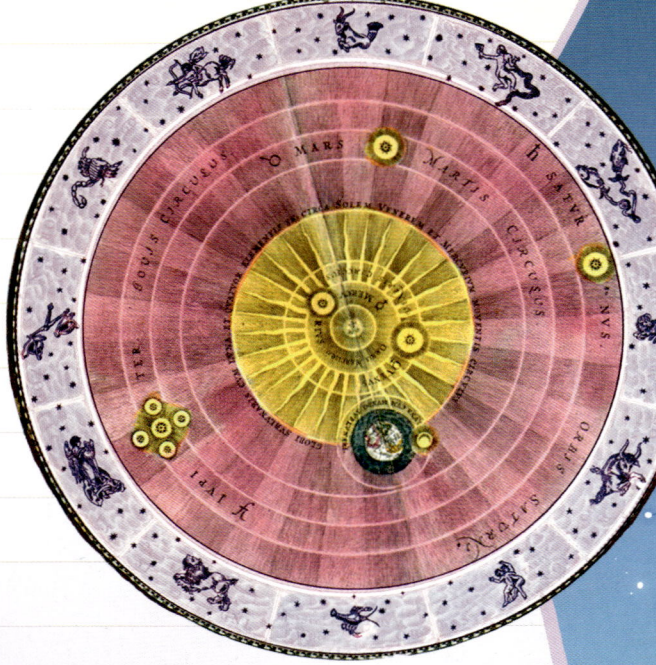

Stier

Fische

Widder

Zwillinge

Krebs

Löwe

Die Kraft der Sterne

Schon im alten Babylon machten sich die Menschen ihre Gedanken über die Sterne. Die Babylonier beobachteten, wie die Sterne zueinander standen, und zeichneten sie auf Tafeln ein. Das, was zu diesem Zeitpunkt gerade in ihrem Land passierte, schrieben sie dazu. So versuchten sie, mit der Zeit herauszubekommen, was sie von den Sternen zu erwarten hatten.

Der springende Widder zeigt die Kraft und Lebendigkeit des Frühlings an.

Die Waage gilt als ausgleichend und zeigt sich am Himmel, wenn im Herbst Tag und Nacht gleich lang sind.

gegenüber. Man sagt: „Die Sonne steht im Schützen."
Gegen Ende Januar kommt die Erde zum Krebs. Jetzt
wird der Steinbock verdeckt. Die Sonne steht also im
Steinbock.

Astrologie und Horoskop

Die Astrologie ist keine richtige Wissenschaft.
Astrologen beobachten, wie die Sonne, der Mond,
die Planeten und die Tierkreissternbilder zueinan-
der stehen. Sie glauben: Je nachdem, in welchem
Tierkreiszeichen die Sonne oder der Mond stehen,
ist ihr Einfluss auf den Menschen größer oder kleiner.
Die Tierkreiszeichen der Astrologen heißen zwar auch
Schütze, Waage, Widder usw., stimmen aber mit den
Tierkreissternbildern heute nicht mehr überein.

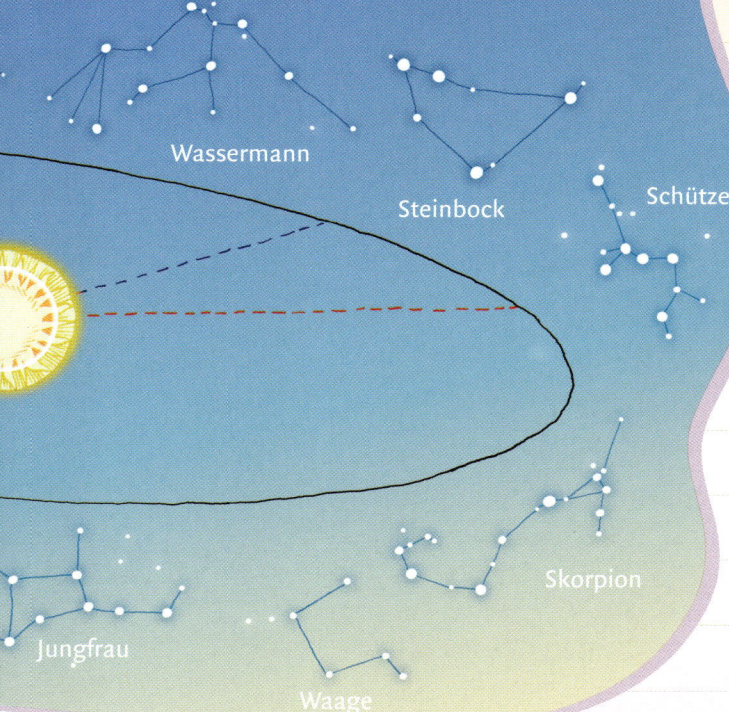

Es gab Sterndeuter, die dem König voraussagten, wie
und wann ein Krieg endet. Oder sie gaben einen Rat,
wann das Getreide geerntet werden sollte.

Ein Horoskop wurde früher für ein ganzes Land oder ein
Königreich aufgestellt. Erst später wurden auch für einzel-
ne Menschen Horoskope erstellt, zum Beispiel, wenn ein
Mensch geboren wurde. Der Astrologe schaut sich die Stel-
lung bestimmter Tierkreiszeichen zu diesem Zeitpunkt an.
So versucht er, gewissen Eigenschaften und Eigenheiten
des Neugeborenen auf die Spur zu kommen.

„Oskar, das ist total aufregend!", ruft Caroline. „Lass uns noch mehr Sternbilder finden."

„Also, wenn du mich fragst, sollten wir lieber zusehen, dass wir langsam
wieder zur Erde zurückkommen", sagt Oskar. „Wir sind ja schon die halbe
Nacht hier oben."

„Stimmt, ich habe gar nicht gemerkt, wie schnell die Zeit vergangen ist",
gibt ihm Caroline recht.

„Ich versuche mal, Kontakt mit XX7 aufzunehmen", murmelt Oskar und
sucht nach dem Sender.

Erst in der linken Jackentasche, da hat er ihn doch reingetan. Oder war es
die rechte Tasche? Auch nicht. Caroline wird unruhig. Nirgendwo findet
Oskar den Sender. Wie sollen sie ohne ihn Kontakt zu XX7 aufnehmen?
Caroline ist plötzlich ganz schön mulmig zumute.

„Keine Panik!", beruhigt Oskar sie. „Irgendwo muss er ja sein."

Doch wo er auch sucht, der Sender ist nicht zu finden.

„Du musst ihn verloren haben", sagt Caroline. „Wie soll XX7 uns jetzt zu-
rückholen? Ohne Sender weiß er ja nicht einmal, wo wir sind."

Oskar versucht ein paar Schritte zu gehen, aber er kann sich immer noch
nicht von der Stelle bewegen. Er kommt kein Stückchen vorwärts und
Caroline auch nicht.

„Was machen wir, wenn wir hier nicht mehr wegkommen?", fragt Caroline
verzweifelt.

„Keine Sorge!", tröstet Oskar sie. „Irgendwie kommen wir schon wieder zurück zur Erde."

Kaum hat er das gesagt, wird es wieder neblig, und noch ein Sternbild
taucht vor Oskar und Caroline auf. Diesmal ist es der Stier. Caroline erkennt
ihn sofort an den vielen Sternen.

„Das ist gut, dass wir dich hier treffen", sagt sie.

„Wer seid ihr?", fragt der Stier.

„Wir kommen von der Erde und haben uns ein wenig im All umgeschaut."

„Ich komme auch von der Erde oder, besser gesagt, aus dem griechischen Olymp. Da wohnen alle Götter. Eigentlich bin ich ja Zeus. Aber ich habe mich in einen Stier verwandelt, um die Königstochter Europa auf die griechische Insel Kreta zu bringen. Zum Andenken wurde ich als Stier in den Himmel gestellt."

„Was für ein glücklicher Zufall, dass du die Erde kennst!", sagt Caroline.

„Denn wir wollen dorthin zurück und wissen den Weg nicht. Da kannst du uns sicher helfen."

„Schon möglich", sagt der Stier und überlegt einen Augenblick. Dann sagt er: „Warum nicht? Ich habe eine Königstochter auf meinem Rücken getragen. Da sollte auf meinem Rücken eigentlich auch genug Platz sein für euch zwei. Steigt auf! Ich bringe euch in die Nähe der Erde."

Das lassen sich Oskar und Caroline nicht zweimal sagen. Schnell klettern sie auf den Stierrücken, und der Stier galoppiert los, vorbei an Sternen und Planeten. Wenig später taucht wirklich die Erde vor ihnen auf.

„So, hier muss ich euch leider verlassen", sagt der Stier. „Aber ich gebe euch noch einen Tipp: Haltet Ausschau nach

Sternschnuppen. Die kennen sich ganz gut aus mit der Erde. Gute Reise."

Oskar und Caroline rutschen von seinem Rücken und bedanken sich. Der Stier schnaubt noch einmal laut. Dann verschwindet er im Himmel.

„Oskar", ruft Caroline, „sieh nur, wir sind wirklich schon ziemlich nah an der Erde! Hier könnte es Sternschnuppen geben. Und Sternschnuppen fallen ja manchmal auf die Erde. Wir könnten die Sternschnuppen bitten, uns mitzunehmen!"

„Oh, das ist eine prima Idee!", jubelt Oskar. „Ich wollte schon immer mit einer Sternschnuppe reisen. Und wenn wir eine sehen, dürfen wir uns sogar etwas wünschen. Jetzt wünsche ich mir erst mal, dass wir schnell eine Sternschnuppe treffen."

Beide machen die Augen zu und wünschen sich ganz fest eine Sternschnuppe. Als sie die Augen wieder aufmachen, regnet es tatsächlich lauter Sternschnuppen! Sie haben Glück und erwischen eine, die mit ihnen bis ganz hinunter zur Erde segelt. Schließlich landen sie sanft auf Carolines Bett. XX7 schläft schon und neben ihm auf dem Tisch liegt der Sender.

„Ich bin aber auch zu schusselig!", sagt Oskar zerknirscht.

„Mach dir nichts draus – ist doch alles gut gegangen", tröstet ihn Caroline und gähnt. Der Morgen graut schon und sie muss jetzt schnell noch ein bisschen schlafen.

Oskar wünscht ihr viele schöne Träume. Dann zieht er weiter.

2. Pauls Weg in die Unendlichkeit

*P*aul liebt die Sterne. Deshalb verbringt er auch die meiste Zeit im Planetarium. Stundenlang schaut er sich hier die Sterne an. Also ist sich Oskar ganz sicher, dass er Paul im Planetarium trifft. Er fliegt zur Eingangstür hinein und landet in dem großen dunklen Raum mit der Sternenkuppel. Außer den Sternen kann Oskar nicht viel erkennen. Dazu ist es zu dunkel. Da klopft ihm jemand auf die Schulter. Es ist Paul. Seine Augen haben sich schon an die Dunkelheit gewöhnt.

„Hey, Oskar!", flüstert er. „Schön, dich mal wieder zu sehen."

„Ja, ich dachte, es wird Zeit, nach Paul zu schauen", antwortet Oskar genauso leise.

„Ich sehe mir gerade den Sternenhimmel ganz genau an, damit ich ihn nachher mit dem Sternenhimmel draußen vergleichen kann", erklärt Paul.

„Das mache ich auch immer", sagt Oskar. „Lass uns aufs Dach fliegen, es wird langsam dunkel."

Oskar nimmt Pauls Hand und sie fliegen durch die große Eingangshalle hinaus auf das Dach des Planetariums. Dort vergleichen sie die unzähligen leuchtenden Punkte am Himmel mit den Lichtpunkten im Planetarium.

„Ob du es glaubst oder nicht, Oskar, am Himmel hier draußen ist alles genau so wie am Planetariumshimmel", sagt Paul. „Der einzige Unterschied ist, dass es hier draußen manchmal so aussieht, als ob kleine Glitzerpunkte über den Himmel laufen und dann wieder verschwinden. Was das wohl ist?"

In diesem Augenblick kommt so ein Glitzerpunkt auf Paul zugeflogen und fällt genau vor seine Füße. Paul erschrickt und springt einen Schritt zurück. Da beginnt der Glitzerpunkt zu sprechen:

„Keine Angst, ich bin nur ein Meteorit."

„Und wo kommst du her?", fragt Paul.

„Ich komme aus der Unendlichkeit", antwortet der Meteorit. „Ich stamme aus einem Vulkan von einem anderen Planeten."

„Wie bist du denn dann hierhergekommen?", fragt Paul skeptisch.

„Ganz einfach!", sagt der Meteorit. „Mein Planet ist sehr klein und hat nicht so viel Anziehungskraft. Als der Vulkan mich ausspuckte, hatte ich zu viel Schwung. Ich bin zu weit über den Rand meines Planeten gesaust, und mein Planet war nicht stark genug, um mich wieder zurückzuholen."

Paul und Oskar schauen ihn ungläubig an.

„Was schaut ihr so? Gibt es etwa auf der Erde keine Anziehungskraft?", fragt der Meteorit erstaunt.

„Du meinst, ob die Erde uns anzieht? Na klar, sonst stünden wir ja wohl nicht hier oben. Wenn die Erde uns nicht anziehen würde, würden wir ja schweben", sagt Oskar.

„Seht ihr", sagt der Meteorit, „und so schwebte ich außerhalb der Anziehungskraft meines Planeten. Da blieb mir nichts anderes übrig, als ziellos durch die Unendlichkeit zu segeln."

Paul runzelt die Stirn.

„Ich glaube, ich habe dich in letzter Zeit schon ein paar Mal gesehen. Aber ich war mir nicht sicher, ob du dich wirklich bewegst."

„Und ich habe schon eine ganze Weile gespürt, dass mich jemand beobachtet", sagt der Meteorit. „Du hast mich sozusagen angezogen. Deshalb bin ich direkt vor deinen Füßen gelandet."

„So ein Quatsch!", sagt Paul. Aber er merkt sofort, dass das nicht sehr nett war. Deshalb fragt er schnell: „Sag mal, wenn es auf deinem Planeten Vulkane gibt, leben dann vielleicht auch Menschen dort?"

„Menschen nicht direkt", sagt der Meteorit, „eher so etwas wie Götter."

„Oh, tatsächlich?!" Paul glaubt das nicht so ganz. Trotzdem würde er gerne mehr darüber hören. Doch da sagt der Meteorit:

„Ich muss mich jetzt leider von euch verabschieden. Denn ich werde jeden Moment verglühen. Das ist nun mal so bei uns Meteoriten. Lebt wohl!"

„Warte noch mal kurz! Ich muss dich was fragen!", ruft Paul. „Meinst du, wir können auch in die Unendlichkeit reisen, so wie du, und die Planeten besuchen? Denkst du, dass das geht?"

„Wenn ihr die Schwerkraft eures Planeten überwindet, ist das kein Problem", zischt der Meteorit und verglüht.

Zurück bleibt nur ein kleiner Gesteinsbrocken.

Oskar und Paul schauen sich verwundert an.

„Wie können wir die Schwerkraft überwinden, Oskar?", fragt Paul.

„Hm, keine Ahnung, leicht wird das nicht", antwortet Oskar.

Plötzlich fällt Paul etwas ein: „Ich hab's! Letzten Sommer war ich mit meiner Oma Kettenkarussell fahren. Und da flogen die Sessel immer höher in den Himmel, immer höher, je schneller sich das Kettenkarussell drehte. Glaubst du, das passiert mit uns auch so, wenn wir uns drehen?"

„Lass es uns doch mal ausprobieren!", sagt Oskar.

Und schon drehen sich die beiden im Kreis, schneller und schneller.

Auf einmal heben sie ab und steigen wie zwei Raketen in den Himmel hinauf, durch den Luftmantel der Erde bis ins All. Sie segeln tatsächlich durchs Universum, um sie herum lauter leuchtende Himmelskörper.

„Da vorne tauchen schon die ersten Planeten auf, Oskar!", ruft Paul begeistert.

Doch als er sich umschaut, fliegt Oskar gar nicht mehr neben ihm.

Paul dreht sich um und ruft: „Wo bleibst du denn?"

„Ach, ich wollte mir nur eben die Nase putzen", ruft Oskar hinter ihm, „aber ich habe mein Taschentuch zu Hause vergessen."

„Das ist mal wieder typisch!", lacht Paul. „Das nächste Mal lässt du noch deinen Kopf zu Hause. Hier hast du meins."

Oskar holt Paul langsam ein. Dann nimmt er das Taschentuch und schnäuzt sich kräftig.

„Schau mal, da vorne tauchen schon die ersten Planeten auf", sagt Oskar.

„Habe ich doch gerade eben gesagt!", sagt Paul.

„Ach so!" Oskar ist ein bisschen verlegen. „Was meinst du, wollen wir uns die Planeten näher ansehen?"

„Na, logisch! Darauf freue ich mich schon die ganze Zeit", sagt Paul.

Unser Planetensystem

*P*laneten sind kleiner und viel kälter als Sterne und leuchten nicht selbst. Sie leuchten nur, wenn die Sonne sie anstrahlt. Acht Hauptplaneten kreisen auf ihrer eigenen Bahn immer wieder um die Sonne. Merkus, Venus, Mars, Jupiter und Saturn kannten schon die Griechen – sie haben diese Himmelskörper Planeten genannt. Denn „Planet" kommt aus dem Griechischen und heißt so viel wie „Herumschweifer". Unsere Erde ist auch ein Planet. Das wussten die Griechen noch gar nicht. Alles zusammen bildet unser Sonnensystem.

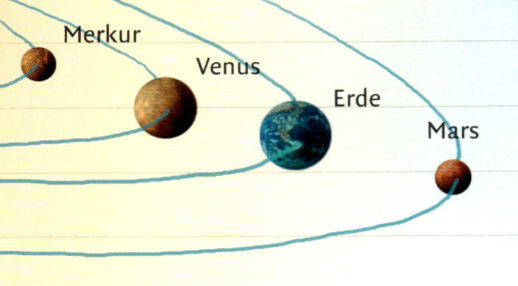

Merkur

Venus

Erde

Mars

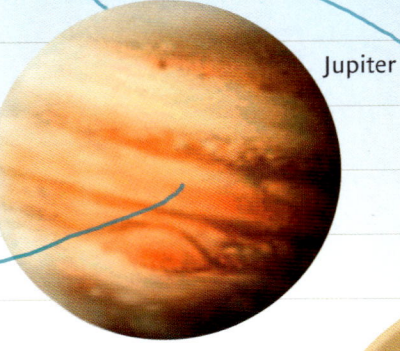

Jupiter

Die größeren Planeten sind zum größten Teil aus Gas. Deshalb heißen sie Gasriesen. Jupiter ist der größte Gasriese.

Die kleineren Planeten sind aus Gestein. Deshalb heißen sie Gesteinsplaneten. Die Erde ist der größte Gesteinsplanet.

Die Gasriesen Jupiter, Saturn, Uranus und Neptun sind weit weg von der Sonne. Auf ihnen ist es sehr kalt.
Die Gesteinsplaneten Merkur, Venus, Erde und Mars kreisen in nicht so großer Entfernung um die Sonne. Am heißesten ist es auf dem Merkur, der der Sonne am nächsten ist.

Versuch: Was passiert mit Eis und Steinen, wenn es heiß ist?

1. Stell eine Schüssel Wasser in das Eisfach vom Kühlschrank und such dir einen schönen großen Stein.

2. Wenn das Wasser zu Eis geworden ist und die Sonne schön heiß scheint, lege den Eisblock und den Stein in die Sonne.

3. Jetzt kannst du sehen, dass das Eis schmilzt und der Stein bleibt, wie er ist. Er wird nur warm, vielleicht sogar heiß, je nachdem, wie stark die Sonnenstrahlen sind.

Die Entfernung der Planeten zur Sonne

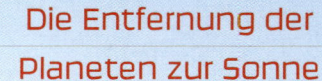

Neptun
4.497 Millionen
Kilometer

Uranus
2.871 Millionen
Kilometer

Saturn

Saturn
1.427 Millionen
Kilometer

Uranus

Neptun

Jupiter
779 Millionen
Kilometer

Ein Flugzeug würde zwanzig Jahre brauchen, um von der Erde zur Sonne zu fliegen.

Mars
228 Millionen
Kilometer

Erde
149 Millionen
Kilometer

Venus
108 Millionen
Kilometer

Merkur
58 Millionen
Kilometer

Noch mehr Himmelskörper

Asteroiden sind kleine oder sehr große Gesteinsbrocken. Kometen sind so etwas wie schmutzige Schneebälle.

← Komet

Wenn Himmelskörper aus Staub und Eis durchs All fliegen und zu nah an die Sonne kommen, werden sie zu Kometen und bekommen einen Schweif. So ein Schweif kann viele Millionen Kilometer lang sein. Der Halleysche Komet taucht alle 76 Jahre an unserem Himmel auf.

↑ Asteroiden

Zwischen Mars und Jupiter kreisen Hunderttausende von Asteroiden. Sie bestehen aus Gestein und Metallsalzen.

Wenn die Kometen erlöschen, sind sie verschwunden. Manchmal bleiben aber auch Gesteinsbrocken übrig. Wenn diese in der Erdatmosphäre verglühen, nennen wir sie Meteore oder Sternschnuppen. Besonders viele Sternschnuppen kann man im August und Dezember sehen.

Im Jahr 1066 war der Halleysche Komet über England zu sehen. Man glaubte damals, dass er Unglück bringt, und begründete so, dass König Harold II. von England eine Schlacht gegen Wilhelm den Eroberer verlor.

Manchmal treffen Meteore auch die Erde. Dann nennt man sie Meteoriten. Der Meteorit Hoba ist vor etwa 80.000 Jahren in Namibia in Afrika auf der Erde gelandet. Er ist der größte Meteorit, der jemals auf der Erde eingeschlagen ist. In den Steinen von Meteoriten kann man Metalle und andere Stoffe finden.

Tipp

Auch im Nördlinger Ries in Baden-Württemberg ist vor ungefähr 14 Millionen Jahren ein Meteorit eingeschlagen. Dort kannst du Meteoritensteine sammeln. Die Steine von einem anderen Stern kannst du mit Steinen von der Erde vergleichen. Welche Farbe haben sie? Wie hart sind sie? Dazu brauchst du Schmirgelpapier, eine Nagelfeile, eine grobe Feile, ein paar Nägel und einen kleinen Hammer. Je nachdem, ob sich die Steine schon mit dem Schmirgelpapier ritzen lassen, mit den Feilen oder erst mit dem Nagel, sind sie härter oder weicher.

Mittlerweile sind Oskar und Paul den Planeten schon sehr nahe gekommen. „Guck mal, der Planet dort hinten! Der leuchtet feuerrot. Wollen wir hinfliegen?", fragt Paul.

Oskar nickt. Doch es ist gar nicht so leicht, in die Anziehungskraft des Planeten zu gelangen. Sie spüren, dass er sie anzieht, allerdings nur ganz, ganz schwach. Es dauert eine ganze Weile. Doch dann landen sie endlich auf dem roten Planeten. Sofort erscheint ein großer Mann mit einer Lanze in der Hand.

„Seid willkommen auf meinem Planeten", begrüßt er die beiden. „Ich bin der römische Kriegsgott Mars. Mars, so heißt auch mein Planet. Wo seid ihr zu Hause?"

„Wir kommen von der Erde", antwortet Paul.

„So, so", Mars räuspert sich, „von der Erde seid ihr. Von der Erde ist vor euch noch nie jemand bei mir gewesen. Ihr müsst mir von ihr erzählen."

„Ja, gerne!" Paul nickt. „Bei uns gibt es Tiere und Menschen!"

„Die Menschen gefallen mir nicht besonders", unterbricht ihn Mars, „sie zetteln zu viele Kriege an. Man nennt mich zwar Gott des Krieges, aber Kriege bin ich leid. Ich habe lieber Frieden. Ich liebe die Natur. Am liebsten sind mir Pflanzen."

„Oh, bei uns auf der Erde wachsen auch viele Pflanzen, Blumen und Wald",
zählt Paul eifrig auf, „Obst, Korn und Gemüse."

„Warte", sagt Mars, „nicht so schnell! Das muss ich mir aufschreiben, damit
ich es nicht vergesse."

„Ich vergesse auch immer alles", platzt Oskar heraus. „Ich habe ein Ge-
dächtnis wie ein Sieb."

Mars lacht und schreibt alles sorgfältig auf eine Rolle aus Pergament. Für
den Planeten Erde hat er sogar eine ganz neue Rolle genommen.

Nachdem Paul über die Pflanzen der Erde berichtet hat, fällt ihm plötzlich
auf, dass er sich ganz leicht fühlt, und auch Oskar sagt: „Ich bin leicht wie
eine Feder hier auf dem Mars. Wie kommt das?"

„Das hast du gut beobachtet", antwortet Mars. „Das liegt an meiner Anziehungskraft. Sie ist sehr, sehr schwach. Wie viel wiegst du auf der Erde?"

„40 Kilo", sagt Oskar.

„Dann wiegst du bei mir auf dem Mars nur 15 Kilo", erklärt der Kriegsgott.

„Das ist komisch!", ruft Paul und springt so hoch, dass er geradewegs ins All
abhebt.

„Warte auf mich!", ruft Oskar und verabschiedet sich hastig von Mars.

„Verliert euch nicht in der Unendlichkeit des Universums!", ruft der ihnen
noch hinterher.

Doch die beiden sind bereits verschwunden. Neugierig segeln sie durchs All.
Paul weiß gar nicht, wo er zuerst hinschauen soll. Nach einer Weile treffen
sie auf den Planeten Jupiter. Als sie ihm etwas näher kommen, spüren sie
einen unglaublich starken Sog.

„Das ist ja irrsinnig, was der für eine Kraft hat!", staunt Paul.

Kaum hat er das gesagt, zieht Jupiter die beiden schon vor seinen Thron.

„Ich bin Jupiter, der oberste aller Götter", begrüßt er sie mit donnernder Stimme.

Paul will sich vorstellen, aber er kann sich kaum auf den Beinen halten.

„Entschuldigung, Jupiter", stöhnt er. „Ich fühle mich so unendlich schwer, als wenn ich Blei in den Beinen hätte. Ich habe das Gefühl, gleich im Boden zu versinken."

„Mir geht es genauso", jammert Oskar, „dabei wiege ich doch bloß 40 Kilo! Hier auf dem Jupiter komme ich mir doppelt so schwer vor."

„Damit liegst du ganz richtig", sagt Jupiter. „Wenn du auf der Erde 40 Kilo wiegst, wiegst du bei mir stolze 93 Kilo."

„Das halte ich nicht aus! Komm, Paul, lass uns gleich weiterreisen", klagt Oskar.

Aber wie? Die Anziehungskraft von Jupiter ist so groß, dass Oskar und Paul nicht so leicht von ihm loskommen. Schließlich hat Jupiter Mitleid mit ihnen. Er schickt ihnen einen Blitz, der sie zurück ins All bringt.

„Puh, da haben wir aber noch mal Schwein gehabt", sagt Paul.

„Das kann man wohl sagen", stimmt Oskar zu.

„Wie wäre es, wenn wir jetzt mal in die andere Richtung segeln, Richtung Sonne? Da gibt es ja auch noch ein paar Planeten."

„O. k.", sagt Paul und staunt über die Millionen von Himmelskörpern um sie herum.

„Oskar", sagt er nachdenklich, „ich frage mich gerade, wie groß das Universum eigentlich ist."

„Eine gute Frage", sagt Oskar. „Da müssen wir ganz am Anfang beginnen."

„Das macht doch nichts. Hier oben stört uns ja keiner", erwidert Paul.

Das Universum

Das Universum

Das Universum ist die Heimat von unzähligen Sternen, Planeten und Himmelskörpern. Auch unsere Erde ist dort in ihrem Sonnensystem zu Hause. Vermutlich gibt es im Universum noch viele solcher Sonnensysteme. Aber sie sind so weit entfernt, dass wir sie nie erreichen können.

So könnte es gewesen sein:

Vor etwa 14 Milliarden Jahren: Urknall durch heiße Blitze

Gaswolken entstehen

Sterne entstehen

Unser Sonnensystem entsteht

Heute

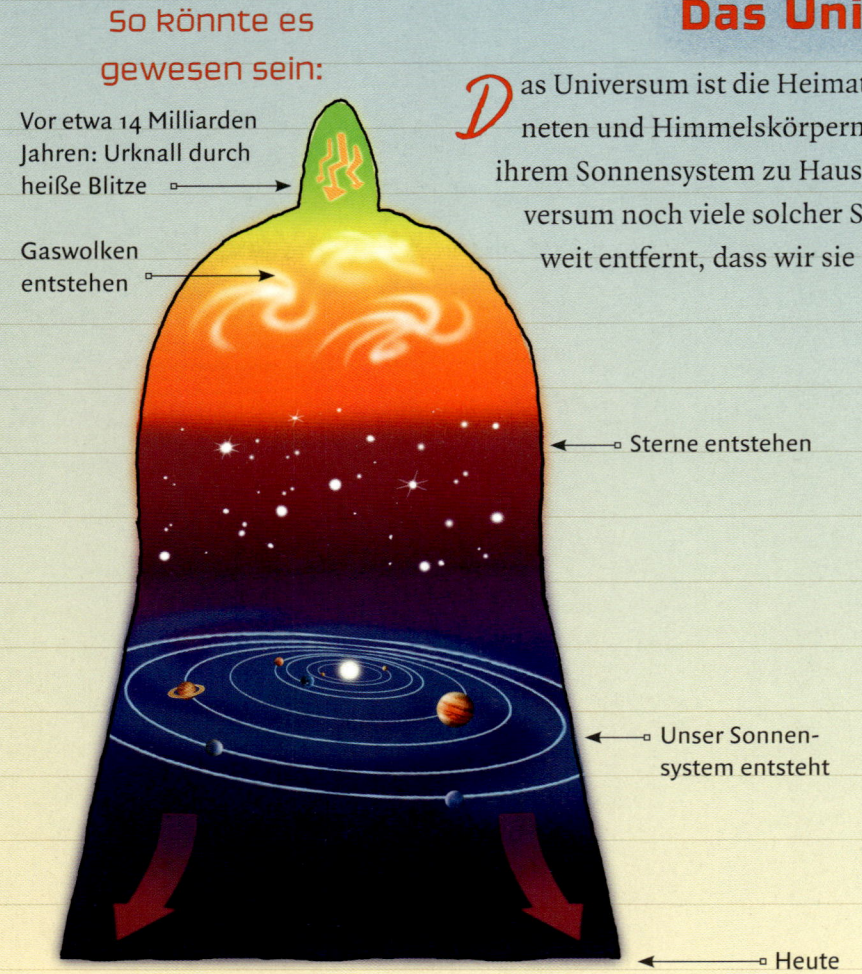

Wie ist das Universum entstanden?

Das Universum ist wahrscheinlich aus einem einzigen Punkt entstanden. Diesen Anfang kann man sich als Explosion von unsagbar heißen Blitzen vorstellen. Wir nennen es Urknall. Seit dem Augenblick des Urknalls breitet sich das Universum schon Milliarden von Jahren unaufhörlich aus. Die Kraft des Urknalls ist auch heute noch da. Deshalb dehnt sich das Universum sogar noch schneller aus. Man kann sich das Universum vorstellen wie eine Glocke, die immer größer wird.

Urknall

Gaswolken entstehen

Sterne entstehen

Milchstraße

vor etwa 14 Mrd. Jahren

ganz kurz danach

100 Mio. Jahre später

Milchstraße

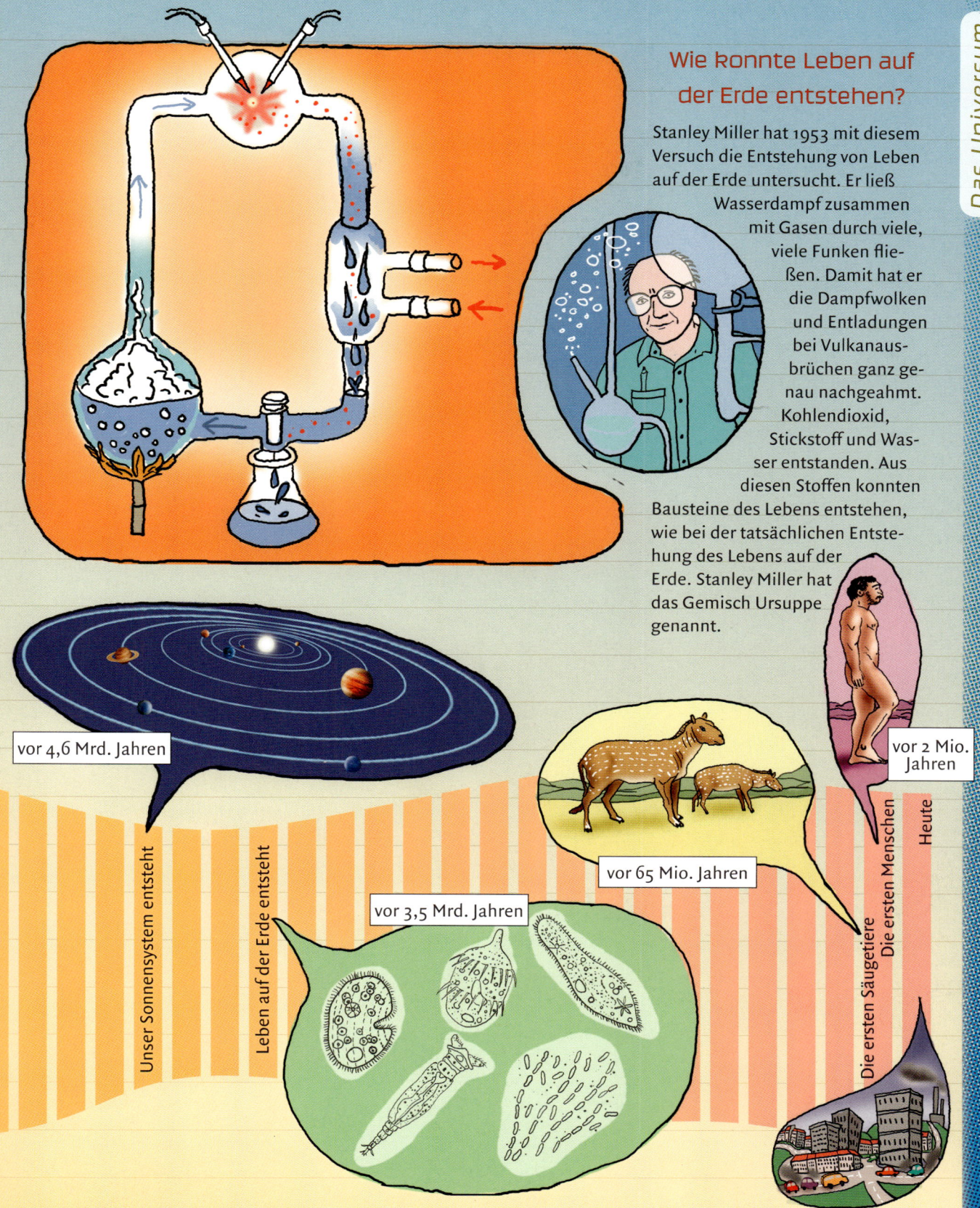

Wie konnte Leben auf der Erde entstehen?

Stanley Miller hat 1953 mit diesem Versuch die Entstehung von Leben auf der Erde untersucht. Er ließ Wasserdampf zusammen mit Gasen durch viele, viele Funken fließen. Damit hat er die Dampfwolken und Entladungen bei Vulkanausbrüchen ganz genau nachgeahmt. Kohlendioxid, Stickstoff und Wasser entstanden. Aus diesen Stoffen konnten Bausteine des Lebens entstehen, wie bei der tatsächlichen Entstehung des Lebens auf der Erde. Stanley Miller hat das Gemisch Ursuppe genannt.

vor 4,6 Mrd. Jahren

vor 3,5 Mrd. Jahren

vor 65 Mio. Jahren

vor 2 Mio. Jahren

Unser Sonnensystem entsteht

Leben auf der Erde entsteht

Die ersten Säugetiere

Die ersten Menschen

Heute

> VOR FÜNF MILLIARDEN
> JAHREN ENTSTAND
> EIN HEISSER NEBEL IM
> UNIVERSUM.

DIE MITTE DES NEBELS GLÜHTE UND DREHTE SICH
IMMER SCHNELLER, IMMER SCHNELLER.

DANN WURDE DIE MITTE DES NEBELS IMMER KLEINER
UND DIE SONNE ENTSTAND.

> AUS DEN RESTLICHEN
> STAUB- UND GAS-
> TEILCHEN BILDETEN
> SICH DIE PLANETEN.

Unser Sonnensystem

In unserem Sonnensystem dreht sich alles um die Sonne. Sie ist ein Stern wie viele andere Sterne im Universum. Doch für uns ist sie der Mittelpunkt des
Lebens. Mit ihr fängt jeder Tag an und
hört jeder Tag auf.

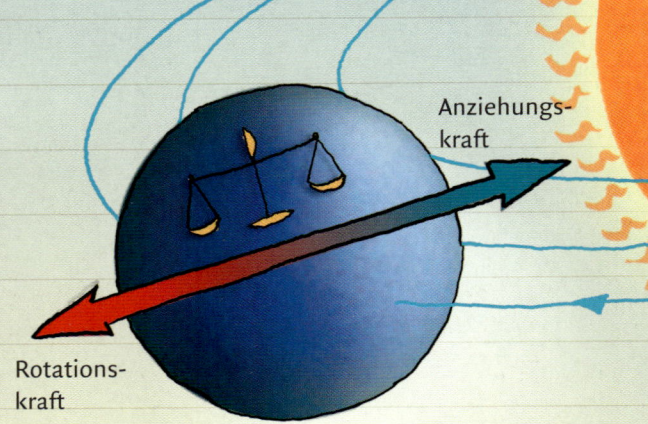

Anziehungs-
kraft

Rotations-
kraft

Die Planeten ziehen ihre
Bahn um die Sonne

Dass die Planeten immer auf der gleichen Bahn um die
Sonne kreisen, liegt an der Anziehungskraft der Sonne
und der Geschwindigkeit, mit der sich die Planeten bewegen. Die Sonne zieht die Planeten an. Doch die Kraft,
mit der sich die Planeten bewegen, hält sich die Waage
mit der Anziehungskraft der Sonne.

Die Erde braucht 365 Tage, um die Sonne zu umkreisen,
also ein Jahr. Weil sich die Erde auch um sich selbst
dreht, kann man die Sonne nicht immer sehen, wenn
man am gleichen Ort bleibt. Deshalb gibt es auf der Erde
Tag und Nacht.

Versuch: Mit der Sonne die Zeit messen

1. An diesem Tag muss die Sonne scheinen. Zeichne mit Kreide einen großen Kreis auf die Terrasse, den Schulhof oder eine andere ebene Fläche. In die Mitte des Kreises stellst du den Fuß eines Sonnenschirms. Dort hinein kommt ein Besenstiel.

2. Um 12 Uhr mittags machst du einen Strich dorthin, wo der Schatten auf den Kreis fällt. Darüber schreibst du die Zahl 12. Jede Stunde malst du dann dort einen Strich hin, wo der Schatten auf den Kreis fällt.

3. Auf der anderen Seite der 12 kannst du am nächsten Tag die Morgenstunden einzeichnen. So bekommst du ein richtiges Zifferblatt. Die nicht genutzte Hälfte des Kreises kannst du nun wegwischen. Fertig ist die Sonnenuhr. Leider funktioniert das Ganze nur im Winter. Im Sommer stimmt die Uhrzeit um eine Stunde nicht mit der „Sonnenzeit" überein.

Die Griechen glaubten, dass der Sonnengott Helios mit seinem Sonnenwagen morgens am Himmel erschien und die Erde in Licht tauchte. Am Abend verschwand er wieder.

„Dass das Universum so groß ist, hätte ich nie gedacht, Oskar. Es ist ja geradezu galaktisch groß!", schwärmt Paul.

„Das kann man wohl sagen", lacht Oskar. „Aber schau mal dort, da kommt uns schon die Venus entgegen."

Paul hat die Venus schon oft von der Erde aus gesehen. Am Abend oder am frühen Morgen leuchtet sie unglaublich hell. Deshalb nennen die Menschen die Venus entweder Abendstern oder Morgenstern. Als Paul und Oskar auf die Venus zufliegen, freut sie sich so sehr über die Besucher, dass sie die beiden sofort magisch anzieht.

„Oh, wie schön, euch zu sehen!", säuselt sie. „Ich bin Venus, die Göttin der Liebe und Schönheit."

Igittigitt, denkt Paul. Laut sagt er: „Wir freuen uns, dich kennenzulernen, Venus."

„Euch schickt wirklich der Himmel. So lange habe ich keinen Besuch mehr gehabt. Dabei brauche ich dringend liebe Wesen um mich. Seid meine Gäste und bleibt eine Weile bei mir."

„Eigentlich müssen wir bald wieder zurück zur Erde", sagt Paul.

Aber Venus schüttelt heftig den Kopf: „Nein, nein, nein! Das kommt gar nicht infrage", sagt sie zuckersüß. „Ihr müsst bleiben!"

„Aber das geht nicht!", sagt jetzt auch Oskar. „Wir wollen vor Sonnenaufgang wieder zurück auf der Erde sein."

„Das werde ich nicht zulassen!", erwidert die Venus. Und auf einmal ist ihre Stimme gar nicht mehr so freundlich. „Ich werde euch mit Amors Pfeil treffen. Dann könnt ihr nicht mehr fort."

Paul und Oskar schauen sich an. Sie sitzen in der Patsche und müssen sich schleunigst etwas einfallen lassen.

„Nun werde nicht gleich böse, Venus. So schnell müssen wir ja nicht gehen", beginnt Paul sanft. „Zur Not können wir auch morgen noch zur Erde zurückkehren, oder, Oskar?"

„Ja, natürlich", sagt Oskar und zwinkert Paul zu, „ist doch kein Problem!"

„Wie schön!", ruft Venus entzückt. „Setzt euch und lasst uns ein wenig plaudern." Sie reicht ihnen rosa Gebäck und Zuckerwatte und serviert fliederfarbenen Tee mit ganz viel Honig. Die beiden greifen tüchtig zu und tun so, als gefiele ihnen das Geschwätz der Venus.

Doch nach einer Weile springt Oskar plötzlich auf. „Ach du liebe Güte!", ruft er. „Ich habe völlig vergessen, die Tür zu meiner Sternwarte zuzumachen. Stellt euch vor, es regnet. Dann wird mein kostbares Teleskop ganz nass und ich kann dich nie wieder aus der Nähe anschauen, Venus."

„Das wäre wirklich ausgesprochen bedauerlich", sagt Venus eitel.

„Es ist immer dasselbe mit dir! Jetzt, wo es hier gerade so gemütlich ist", murrt Paul und schaut Oskar vorwurfsvoll an.

„Es tut mir leid. Aber wir könnten ja so schnell wie möglich wieder zurückkommen und noch Freunde mitbringen. Dann könnten wir ein richtiges Fest auf der Venus feiern", schlägt Oskar vor, und wieder zwinkert er Paul zu. Venus denkt einen Augenblick nach. Dann ist sie überzeugt.

„Ja, das ist nicht nur eine gute Idee, das ist eine großartige Idee! Ein Fest, wie wunderbar! Aber beeilt euch!", jubelt sie, und mit ihrer Begeisterung pustet sie Oskar und Paul ins Weltall zurück. Gerettet!

Als Letztes wollen die beiden zum Planeten Merkur. Er ist der kleinste von allen Planeten, die Oskar und Paul bis jetzt besucht haben. Schon von Weitem ruft er: „Wenn ihr mich besuchen wollt, müsst ihr euch beeilen. Ich muss so schnell laufen, weil ich so klein bin. Sonst kann ich meine Bahn nicht halten und falle in die Sonne. Soll ich euch trotzdem anziehen?"

„Na klar!", ruft Paul. Merkur lacht. Sein Lachen zieht Oskar und Paul direkt vor seine Füße.

„Ich bin der Götterbote Merkur. Früher habe ich den Menschen Botschaften von den Göttern gebracht. Heute begnüge ich mich damit, die herrlichen Sonnenuntergänge auf meinem Planeten zu genießen", gluckst er. Paul findet ihn richtig lustig.

„Ich bin ziemlich nah an der Sonne und kreise sehr schnell auf meiner Bahn", erzählt Merkur. „Außerdem gibt es bei mir wirklich die schönsten Sonnenuntergänge. Gleich ist es wieder so weit."

Oskar und Paul erleben den tollsten Sonnenuntergang, den sie je gesehen haben. Doch dann fängt Paul plötzlich an zu hüpfen, ohne dass er etwas dazu tut. „Was ist das?", fragt er.

„Das liegt daran, dass die Anziehungskraft meines Planeten für Leute von der Erde nicht stark genug ist", erklärt Merkur.

Auch Oskar hüpft jetzt und schließlich taumeln beide ins Weltall zurück. Kurze Zeit später landen sie wieder auf dem Dach des Planetariums. Wie lange das alles gedauert hat? Keine Ahnung! Wichtig ist nur, dass sie vier Planeten besucht haben, in nur einer Nacht.

3. Ein Sommercamp für Himmelsforscher

*E*ndlich Ferien! Mira ist schon ganz aufgeregt. Denn am Nachmittag bringt Mama sie in ein Sommercamp für Himmelsforscher. „Herzlich willkommen!", steht über dem Eingang.

Mira verabschiedet sich von Mama, denn als Forscherin will sie ganz allein ins Camp gehen.

Auf einer großen Wiese sind lauter Zelte aufgebaut: kleine Zelte zum Schlafen, ein großes Zelt zum Kochen und Essen, ein Experimentierzelt, ein Bücherzelt und ein Wagen mit Duschen und Toiletten. Dahinter liegt ein herrlicher See zum Baden.

Als Mira sich bei der Campleitung in die Teilnehmerliste eintragen will, schreibt sich auch Oskar gerade ein. Doch er findet seinen Stift nicht und durchwühlt aufgeregt seinen Koffer.

Ziemlich chaotisch!, denkt Mira.

„Darf ich dir meinen Stift leihen?", fragt sie höflich.

Oskar schaut von seinem zerwühlten Koffer auf und bedankt sich überschwänglich bei ihr.

Vielleicht ein wenig übertrieben, denkt Mira und lächelt.

„Ich bin Mira", sagt sie.

„Oh, angenehm, ich heiße Oskar!", stellt sich Oskar vor. „Bist du auch Himmelsforscherin?"

Mira nickt und sagt: „Na, dann bis morgen früh im Experimentierzelt!"

„Ja, bis dann!", antwortet Oskar. Mira scheint nett zu sein.

Am nächsten Morgen warten schon alle ungeduldig im Experimentierzelt auf den berühmten Himmelsforscher Professor Kosmos.

Endlich kommt er.

„Hallo, ihr Sterngucker und Himmelsstürmer!", begrüßt er Mira, Oskar und die anderen Kinder. „Als Erstes habe ich euch heute ein kleines Wunder mitgebracht. Es ist ein Kompass. Mit dem könnt ihr die Himmelsrichtungen bestimmen. Schaut her, die Nadel zeigt immer nach Norden, egal, wie ich den Kompass drehe."

„Wie kommt das?", will Mira wissen.

„Die kleine Nadel spürt etwas, was wir nicht spüren", antwortet Professor Kosmos, „ein Kraftfeld. Das gibt es auf der ganzen Erde."

Dann führt er ein Experiment vor. Er nimmt einen Magneten und streut Eisenspäne darauf. Die Eisenspäne ordnen sich wie viele winzige Kompassnadeln um den Magneten und laufen in Linien von einem Pol zum anderen. So können die Kinder das Kraftfeld sehen.

„Und nun könnt ihr das mal selbst ausprobieren", sagt Professor Kosmos. Er verteilt an alle Magneten in den unterschiedlichsten Formen. Mira hat einen Hufeisenmagneten erwischt. Als sie nun die Eisenspäne daraufstreut, sieht sie, wie sie sich von einem Ende zum anderen um das Hufeisen legen. Mira ist begeistert. Sie dreht sich zu Oskar um und sagt: „Tatsächlich, es gibt Kräfte, die wir nicht sehen können. Und hören können wir sie auch nicht."

Mira wedelt mit den Armen in der Luft herum. „Und auch fühlen können wir sie nicht. Aber sie sind da."

Oskar nickt.

„Weißt du, ich denke oft darüber nach, wie alles zusammengehört. Das finde ich ziemlich spannend", fährt Mira fort. „Manchmal bin ich so in Gedanken, dass ich nicht mal mehr mitbekomme, was um mich herum passiert."

„Das kenne ich", sagt Oskar. „Ich denke nämlich auch oft über dies und das nach und dann verschussele ich alles andere."

„So. In einer Stunde gibt es Mittagessen und wir sehen uns dann morgen Vormittag wieder", ertönt die Stimme des Professors.

„Was meinst du, Mira, wollen wir nach dem Essen schwimmen gehen?", fragt Oskar.

„Gute Idee!", ruft Mira. „Ich bringe dann mein Buch über Kraftfelder mit. Bis später!"

Nach dem Baden legen Oskar und Mira sich noch ein bisschen in die Sonne.

„Zeig mir doch mal dein Buch", sagt Oskar.

Mira gibt es ihm und Oskar schaut sich ein paar Seiten an.

„Hast du das hier auch schon gelesen?", fragt er begeistert. „Es gibt nicht nur auf der Erde magnetische Kraftfelder. Es gibt sie im ganzen Universum. Jeder Stern und jeder Planet hat seine eigene Kraft, der eine mehr, der andere weniger."

„Wenn dich das so interessiert, kann ich dir das Buch ja mal ausleihen", schlägt Mira vor.

„Das wäre prima!", antwortet Oskar. „Und was hältst du davon, wenn wir jetzt einen kleinen Gedankenausflug in die Welt der Kraftfelder machen?"

„Da bin ich dabei!", ruft Mira.

Steine

Katze

Kraftfelder

Nicht nur die Sonne hat Anziehungskräfte. Jeder Planet hat eine Anziehungskraft. Der Wissenschaftler sagt: Jeder Körper zieht einen anderen Körper an. Seine Masse hat eine eigene Anziehungskraft. Obwohl wir das nicht merken, gilt das für ganz normale Dinge im Leben wie:

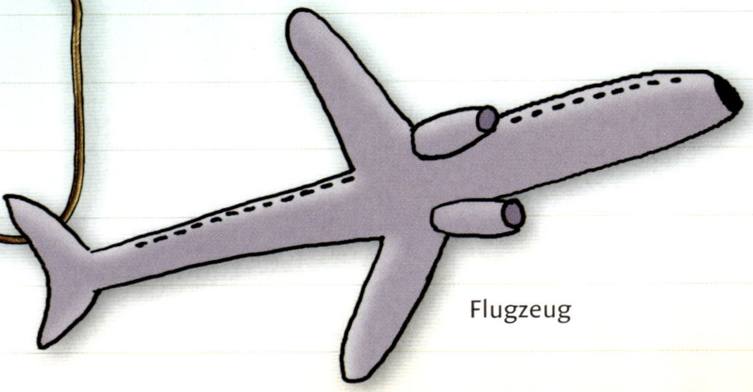

Mensch

Flugzeug

Warum wir nicht auf dem Kopf stehen

IHR DENKT, ICH STEHE AM NORDPOL, WEIL BEIM GLOBUS DER NORDPOL OBEN IST? PUSTEKUCHEN! ICH STEHE MITTEN IN CHINA, IN PEKING.

WENN ICH JETZT GENAU GEGENÜBER VON PEKING IN LA PAZ STEHE, DAS IST IN BOLIVIEN, IST FÜR MICH UNTEN OBEN. ICH FALLE NICHT HERUNTER VON DER ERDE, AUCH WENN ES SO AUSSIEHT, ALS WENN ICH AUF DEM KOPF STEHE. DIE ERDE HÄLT MICH MIT IHRER ANZIEHUNGSKRAFT FEST.

EGAL, WO ICH STEHE, FÜR MICH IST IMMER OBEN.

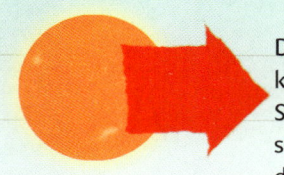 Die Anziehungskraft auf der Sonne ist 30-mal so groß wie auf der Erde.

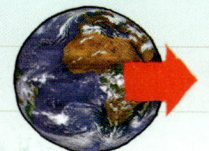 Die Anziehungskraft der Erde

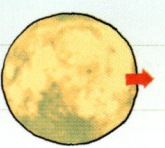 Die Anziehungskraft auf dem Mond ist 6-mal so gering wie auf der Erde.

Magnetfelder auf der Erde

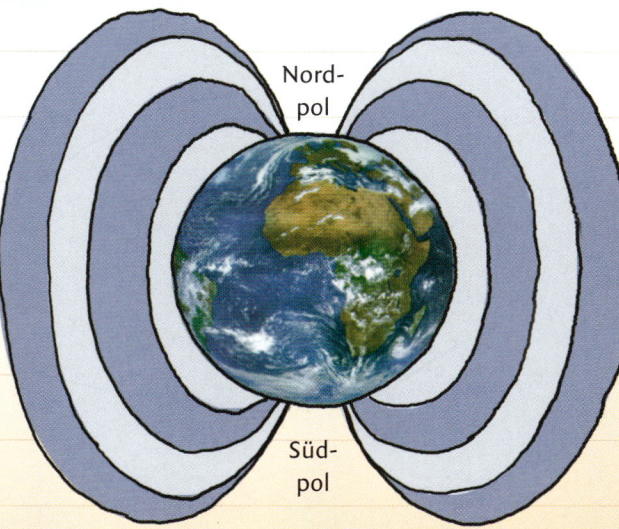

Nordpol

Südpol

Die Erde ist von einem riesigen Magnetfeld umgeben. Die Magnetlinien ziehen sich vom nördlichen Magnetpol bis zum südlichen.

Das Erdmagnetfeld schützt uns vor den Sonnenwinden. Das sind kleine geladene Teilchen, die jedes Leben zerstören. Das Magnetfeld der Erde lenkt sie ab. So können die Sonnenwinde nicht in unsere Atmosphäre eindringen und uns schaden. Nur im Norden sind die Sonnenwinde manchmal in der äußersten Luftschicht zu sehen. Wir nennen sie Polarlichter.

Versuch: Magnetkräfte sehen

1. Besorge dir Eisenspäne und streue sie auf ein Blatt Papier.
2. Nun lege das Papier auf einen Magneten.
3. Du wirst sehen, dass sich alle Eisenspäne in eine Richtung ausrichten: vom Nordpol des Magneten zu seinem Südpol, entlang der Linien seines Kraftfeldes.

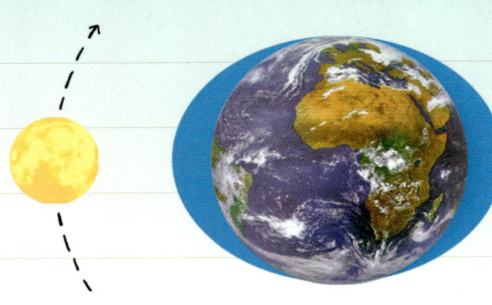

Die Anziehungskraft des Mondes

Die Anziehungskräfte des Mondes machen sich auch auf der Erde bemerkbar. Zum Beispiel werden die Erdteile, die sich dem Mond zuwenden, stärker angezogen als die Teile, die vom Mond abgewandt sind, also auch das Wasser der Meere. Die Erde dreht sich. Aber die Kräfte des Mondes halten das Wasser der Meere noch fest. Deshalb verschiebt sich der Meeresspiegel und die Gezeiten entstehen. Das nennt man Ebbe und Flut.

Flut　　　　　　　　　　Ebbe

Zweimal am Tag steigt der Meeresspiegel. Etwa nach sechs Stunden senkt er sich wieder. Je flacher ein Meer ist, umso stärker zeigt sich der Unterschied von Ebbe und Flut.

Neulicht ▢➝

Neumond

Erstes Viertel ▢➝

Vollmond ▢➝

Zunehmender Dreiviertelmond

Von jeher hatte der Mond eine große Bedeutung für die Menschen. Die Araber sprachen ihm große Kräfte zu und entwickelten sogar einen Mondkalender. Er rechnet die Zeit nach Mondjahren.

Im alten Rom hieß der Mond „Luna" und man teilte den Kalender nach Mondphasen ein.

Leben mit dem Mondkalender

Auch heute noch richten sich viele Bauern nach dem Mond. Wenn der Mond zunimmt, steigen die Säfte in den Pflanzen wie das Wasser im Meer. Wenn der Mond abnimmt, sinken sie. Also pflanzen die Bauern, wenn der Mond zunimmt. Dann steigt der Saft in der Pflanze nach oben. Bäume dagegen fällen sie, wenn der Mond abnimmt. Dann ist weniger Saft im Stamm. Das Holz ist trockener und reißt nicht so leicht, wenn man es als Bauholz verwendet.

Was ist eine Mondfinsternis?

Eine Mondfinsternis gibt es immer, wenn der Mond in Vollmondstellung steht, aber der Schatten der Erde ihn gerade bedeckt. So wird der Mond nicht direkt von der Sonne beschienen. Sonne, Erde und Mond sind genau auf einer Linie. Wir sehen den Mond bloß noch als rötlich schimmernden Ball. Warum nicht ganz dunkel? Weil die Erdatmosphäre noch einige wenige Lichtstrahlen der Sonne um die Erde herumbiegt und auf den Mond lenkt. So eine Mondfinsternis kann man bei uns etwa zweimal im Jahr erleben.

□ Letztes Viertel

□ Abnehmender Dreiviertelmond

Altlicht

Der Mond dreht sich um die Erde und wird von der Sonne beschienen. Je nachdem, wie er zu Erde und Sonne steht, sehen wir ihn ganz oder nur Teile. Wir sehen verschiedene Mondphasen.

Christoph Kolumbus lebte 1504 eine Zeit lang auf Jamaika, einer Insel in der Karibik. Er bekam Streit mit den Eingeborenen, denn sie wollten ihm kein Essen bringen. Es war der 29. Februar, und Kolumbus wusste, gleich würde es eine Mondfinsternis geben. So sagte er zu den Stammesoberhäuptern, dass die Götter nicht damit einverstanden seien, dass sie ihm das Essen verweigerten. Dabei zeigte er auf den Mond, der sich langsam rot färbte. Dann betete Kolumbus zum Mond und dieser schien wieder hell. Die Eingeborenen staunten und gaben Kolumbus reichlich zu essen.

Am Abend kann Mira überhaupt nicht einschlafen. Immerzu muss sie an die Versuche im Experimentierzelt denken. Dann ist endlich der nächste Tag da. Und Professor Kosmos legt sofort los: „So, dann kommen wir heute zu den Kraftfeldern im Universum. Fangen wir mal mit unserem Sonnensystem an. Schaut, die Kugel hier auf dem Tisch ist ein Magnet. Sie zieht alles an, was aus Eisen ist. Sie ist in unserem Versuch unsere Sonne. Wenn ich nun diese kleine Eisenkugel in die Nähe lege, kullert sie direkt auf die Magnetsonne zu. Genau so zieht die Sonne die Planeten an."

„Und warum berühren die Planeten die Sonne dann nicht, so wie die Eisenkugel die Magnetkugel?", fragt ein Junge mit roten Haaren.

„Durch seine Bewegung hat jeder Planet eine eigene Kraft, die von der Sonne weg nach außen strebt", erklärt Kosmos, „und die Kraft der Planeten und die Kraft der Sonne halten sich die Waage. So haben sich die Planeten auf einer bestimmten Bahn eingependelt, auf der sie um die Sonne kreisen."

„Für immer?", fragt Mira.

„Im Moment sieht es so aus", sagt der Professor. „Also, wie wäre es, wenn ihr euch jetzt euer eigenes Sonnensystem baut? Ich habe euch Styroporkugeln, Schaschlikspieße, Kleber und noch ein paar andere Sachen mitgebracht."

Begeistert fangen die Kinder an zu basteln. Als die Mittagsglocke läutet, sagt Professor Kosmos: „Wer nicht fertig geworden ist, kann heute Nach-

56

mittag weiterbauen. Und denkt
dran: Heute Abend machen wir
unsere Nachtwanderung."
Pünktlich um zehn marschie-
ren die Himmelsforscher los.
Es ist schon ein bisschen
dunkel und die ersten Sterne
sind am Himmel zu sehen. Sie

gehen kreuz und quer durch den Wald.
Schließlich kommen sie auf eine große Lichtung. Von dort aus ist der Ster-
nenhimmel besonders gut zu sehen. Professor Kosmos erklärt die einzelnen
Sternbilder: Kassiopeia, Orion und den Großen Wagen.
„Wenn ihr die hintere Achse des Großen Wagens in Gedanken fünfmal ver-
längert", sagt er, „landet ihr direkt beim Polarstern. Wir laufen jetzt mal auf
den Polarstern zu, dann kommen wir automatisch nach Norden. Auf diese
Weise haben sich schon die alten Seefahrer am Sternenhimmel orientiert."
Alle laufen los. Nur Oskar und Mira nicht. Sie sind so gefesselt vom Anblick
der vielen Sterne, dass sie gar nicht merken, dass die anderen weitergegan-
gen sind.
„Es ist auf einmal so still", sagt Mira nach einer Weile und schaut sich um.
„Huch! Die anderen sind ja gar nicht mehr da!"
„Wie kann das denn sein?", fragt Oskar verblüfft.
„Wahrscheinlich haben wir irgendwas verpasst", sagt Mira. „Komm, wir
müssen sie suchen!"
Mira und Oskar laufen zurück in den Wald. Doch nach einer Weile sagt Os-
kar: „So geht das nicht. Wir sollten stehen bleiben und horchen, ob wir die
anderen irgendwo hören."

Es ist jetzt mucksmäuschenstill. Dann knackt irgendwo ein Ast und ein Käuzchen schreit. Je länger sie in die dunkle Nacht horchen, umso unheimlicher wird es. Überall knackst und raschelt es.

„Es ist so gruselig! Ich hab Angst. Schau mal, da hinter dem Baum! Das sieht aus wie ein Geist", flüstert Mira. Und in ihrer Panik rennt sie einfach los.

Oskar läuft hinter ihr her. Doch dann stolpert er und schon ist Mira im Dunkel verschwunden. „Mira! Bleib stehen!", ruft er. Zum Glück hört Mira ihn. Atemlos lehnt sie sich an einen Baum.

„Ich bin hier, Oskar!", antwortet sie mit zitternder Stimme.

Oskar geht der Stimme nach und endlich sieht er Miras Schatten. Sie schlottert vor Angst. Da entdeckt Oskar, dass hinter ihr ein Licht leuchtet. „Keine Angst, Mira", beruhigt er sie, „dort hinten ist ein Licht. Das muss das Camp sein."

Sie gehen auf das Licht zu, und bald sehen sie auch die anderen, die gerade ins Camp zurückgekommen sind. Sie stellen sich einfach dazu. So merkt Professor Kosmos gar nicht, dass Mira und Oskar für eine Weile verschollen waren.

„Zum Abschluss unserer Nachtwanderung verrate ich euch noch ein kleines Geheimnis", sagt Kosmos feierlich. „Ein Stern kann vor Jahrhunderten explodiert sein. Aber wir können ihn heute trotzdem noch immer von der Erde aus sehen. Das ist so, weil der Stern ungeheuer weit weg ist. Das Licht von der Explosion des Sterns braucht so lange, bis es bei uns auf der Erde ankommt."

„Aber ich dachte immer, das Licht ist schnell wie ein Blitz", wundert sich Mira.

„Ist es ja auch", sagt der Professor. „Daran kannst du sehen, wie groß das Universum ist, wenn das Licht so lange braucht, obwohl es so schnell ist."
Dann wünscht er allen eine gute Nacht.

Doch Mira sagt: „Oskar, ich glaube, ich kann noch nicht schlafen."

„Dann finden wir jetzt eben etwas über die Geschwindigkeit des Lichts heraus", schlägt Oskar vor.

„Prima, das ist genau das richtige Mittel gegen meine Aufregung!", freut sich Mira.

Raum und Zeit

Das Licht durchkreuzt ständig das Universum. Es kommt von den vielen Galaxien, die es im All gibt. Galaxie – so nennt man einen riesengroßen Sternenhaufen. Unser Sonnensystem gehört auch zu einer Galaxie. Unsere Galaxie ist die Milchstraße.

Die Galaxie, die am nächsten an unserer Galaxie ist, ist Andromeda. Ein Lichtstrahl braucht von uns aus 2,5 Millionen Jahre, um sie zu erreichen.

Zeit und Raum hängen miteinander zusammen. Wir stehen zu einer bestimmten Zeit auf der Erde und sehen das Licht eines sehr weit entfernten Sterns.
Wir nehmen den Stern zu unserer Zeit wahr, aber das Licht hat sich schon vor Millionen Jahren auf den Weg gemacht. Es kann sein, dass der Stern zu unserer Zeit längst erloschen ist, obwohl wir sein Licht gerade sehen.

1 Lichtsekunde	....	etwa 300.000 Kilometer
1 Lichtminute	....	etwa 18 Millionen Kilometer
1 Lichtstunde	....	über 1 Milliarde Kilometer
1 Lichttag	....	etwa 26 Milliarden Kilometer
1 Lichtjahr	....	etwa 10 Billionen Kilometer, also 10.000.000.000.000 Kilometer!

Das Licht ist sehr schnell unterwegs. Es saust 300.000 Kilometer weit in nur einer Sekunde. Das nennt man dann eine Lichtsekunde. Eine Lichtsekunde misst also keine Zeit, sondern eine Entfernung.

Leben im All

Ob es im Universum in entfernten Galaxien noch Leben gibt, vermag niemand zu sagen. Es kann sowohl Leben an einem anderen Ort als auch zu einer anderen Zeit gegeben haben.

Auf dem Planeten Mars ist es kälter als in der Antarktis. Man vermutet, dass es früher einmal wärmer und feuchter auf dem Mars gewesen ist. Dann hätte es auf dem Mars Leben geben können.

Der Mond Titan umkreist den Planeten Saturn. Man hat herausgefunden, dass er unserer Urerde sehr ähnlich ist. Aber eigentlich ist es auf dem Mond Titan zu kalt für entstehendes Leben.

Der Mond Europa, der den Jupiter umkreist, ist mit einer dicken Eisschicht bedeckt. Unter der Eisschicht soll es in tiefen Gräben warmes Wasser geben. Dort, wo es Wasser gibt, könnte es auch Leben geben.

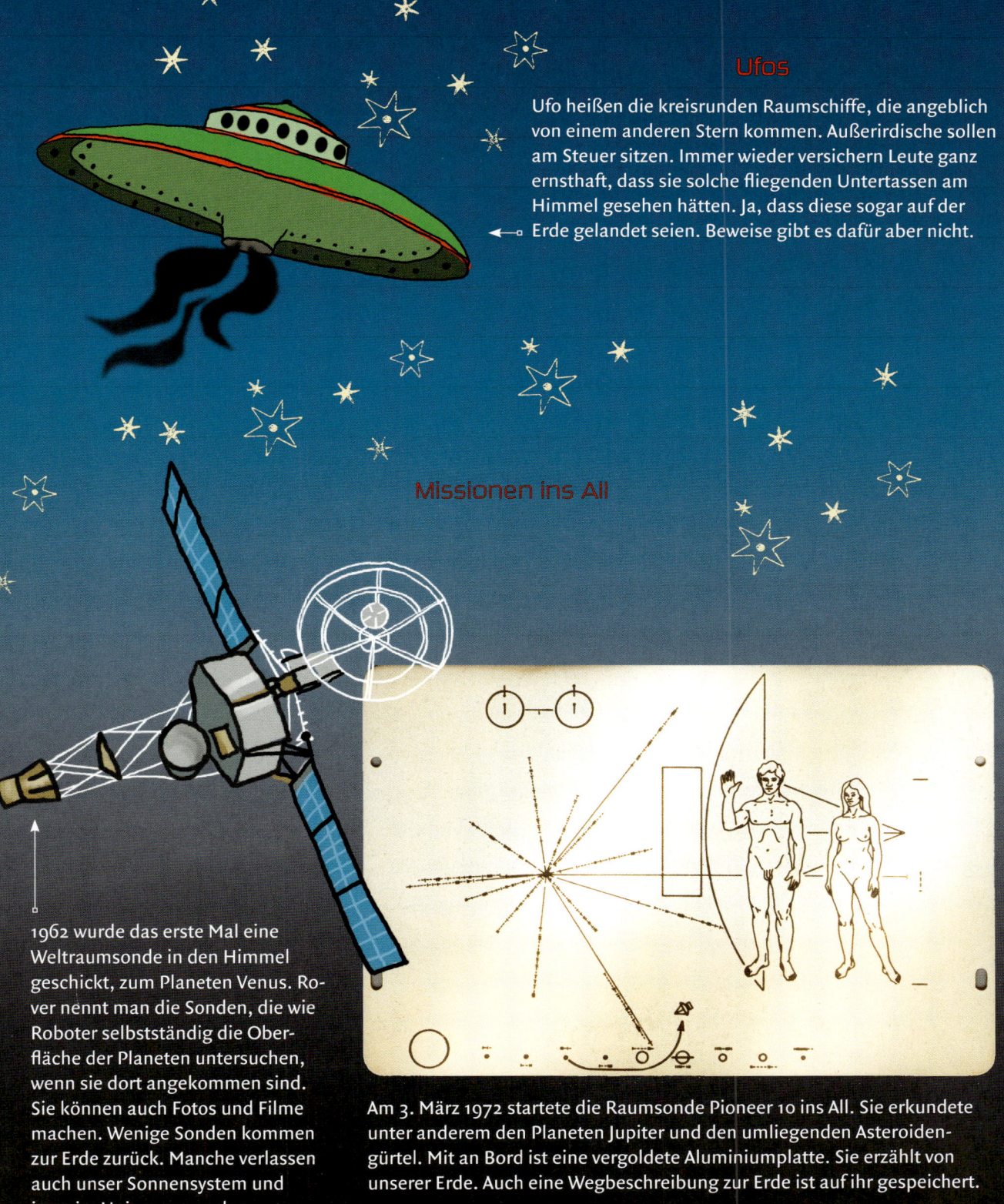

Ufos

Ufo heißen die kreisrunden Raumschiffe, die angeblich von einem anderen Stern kommen. Außerirdische sollen am Steuer sitzen. Immer wieder versichern Leute ganz ernsthaft, dass sie solche fliegenden Untertassen am Himmel gesehen hätten. Ja, dass diese sogar auf der Erde gelandet seien. Beweise gibt es dafür aber nicht.

Missionen ins All

1962 wurde das erste Mal eine Weltraumsonde in den Himmel geschickt, zum Planeten Venus. Rover nennt man die Sonden, die wie Roboter selbstständig die Oberfläche der Planeten untersuchen, wenn sie dort angekommen sind. Sie können auch Fotos und Filme machen. Wenige Sonden kommen zur Erde zurück. Manche verlassen auch unser Sonnensystem und irren im Universum umher.

Am 3. März 1972 startete die Raumsonde Pioneer 10 ins All. Sie erkundete unter anderem den Planeten Jupiter und den umliegenden Asteroidengürtel. Mit an Bord ist eine vergoldete Aluminiumplatte. Sie erzählt von unserer Erde. Auch eine Wegbeschreibung zur Erde ist auf ihr gespeichert.

Nach dem Frühstück am nächsten Morgen treffen sich wieder alle im Experimentierzelt. Nur Oskar fehlt. Dieses Mal sprechen sie über das Licht, und Professor Kosmos zeigt den Kindern, wie schnell das Licht ist. Dazu hat er ein kleines schwarzes Zelt aufgebaut, in das kein Licht dringen kann. Im schwarzen Zelt steht eine Wand mit einem klitzekleinen Loch. Vor das Loch stellt Professor Kosmos eine brennende Kerze. Und im gleichen Augenblick sieht man auf der anderen Seite der Wand einen hellen Strahl, der einen Lichtpunkt auf die schwarze Zeltwand setzt. Jeder darf mal ins Zelt und die Kerze vor das Loch halten, damit alle sehen, wie schnell das Licht ist.

Als sie damit fertig sind, sagt Professor Kosmos: „Wir haben nun schon ein paar praktische Experimente miteinander gemacht. Jetzt möchte ich euch noch eine andere Art von Experiment vorstellen, nämlich Experimente, die nur in eurem Kopf stattfinden."

„Gedankenexperimente!", ruft Mira. „Ich hab schon ganz oft welche gemacht. Erst vor Kurzem hab ich ein wirklich tolles Gedankenexperiment erlebt."

Da kommt Oskar herein.

„Entschuldigung, bin ein wenig zu spät dran", murmelt er und gibt Mira ihr Buch zurück.

Aber Mira bemerkt ihn gar nicht richtig. Hastig schiebt sie das Buch unter ihre Bank, denn sie kann es kaum erwarten, Professor Kosmos und den anderen von ihrem Gedankenexperiment zu erzählen.

„Als ich neulich am Bahnsteig auf den Zug gewartet habe, fuhr ein ICE vorbei. Der Kellner im Speisewagen goss Kaffee in eine Tasse. Für den Kellner floss der Kaffee in einem geraden Strahl in die Tasse. Jedenfalls denke ich mir das. Für mich auf dem Bahnsteig sah es aber so aus, als ob der Kaffee im weiten Bogen floss. Warum bloß? Lag das an der Geschwindigkeit des Zuges, Professor?"

Kosmos nickt. „Das hast du richtig vermutet, Mira. Während du zugeschaut hast, fuhr auch der Kaffee an dir vorbei, sodass du scheinbar einen weiten Bogen gesehen hast. Übrigens: Sogar die Zeit verändert sich in einem fahrenden Zug."

„Das heißt also, die Zeit im fahrenden Zug ist eine andere als die auf dem Bahnsteig?", fragt Oskar.

„Genau!", sagt Professor Kosmos. „Physiker haben das auch bewiesen. Sie haben eine Uhr in einem Flugzeug um die Erde geschickt. Und tatsächlich, die Uhr im Flugzeug ging langsamer als die auf der Erde."

„Das ist ja unglaublich!", staunt Oskar.

Am Nachmittag haben sich Oskar und Mira wieder am See verabredet.

„Du musst mir noch mein Buch zurückgeben. Ich will es einpacken, denn morgen fahren wir ja schon wieder nach Hause", erinnert ihn Mira.

„Klar! Ich bringe es zum Abendessen mit", verspricht Oskar. „Zur Sicherheit mache ich mir sogar einen Knoten ins Taschentuch."

„Aber pass auf, dass du nicht vergisst, warum du den Knoten gemacht hast", neckt ihn Mira.

Dann gehen sie ins Wasser. Als Oskar später in seinem Zelt ist, holt er sein Taschentuch aus der Hosentasche. Der Knoten? Er fängt an zu grübeln.

„Ach ja! Miras Buch!" Erleichtert schaut er sich im Zelt um. Doch er kann das

Buch nirgendwo finden. Er sucht überall. Aber das Buch taucht nicht auf.
Mit leeren Händen und völlig zerknirscht geht er zum Abendessen.

„Mira", sagt er, „ich muss dir etwas beichten. Ich habe dein Buch verschusselt."

„Schon gut", tröstet ihn Mira, „es ist bestimmt nicht weg. Hast du schon im Experimentierzelt nachgeschaut?"

Zusammen laufen sie ins Zelt und Oskar schaut an seinem Platz nach. Niedergeschlagen schüttelt er den Kopf. Da zieht Mira das Buch unter ihrer Bank hervor. „Jetzt fällt es mir wieder ein!", ruft sie. „Du hast mir das Buch ja schon heute Morgen zurückgegeben, als ich euch mein Gedankenexperiment erzählt habe. Entschuldige, Oskar! Das hatte ich völlig vergessen. Ich bin mindestens so schusselig wie du!"

„Ja", lacht Oskar, „wir geben ein gutes Paar ab!"

Als es dunkel ist, schauen sie sich ein letztes Mal gemeinsam den Sternenhimmel an, und beide versprechen hoch und heilig, sich bald zu besuchen. Falls sie dran denken!

66

4. Geheime Mission ins All

*E*s wird langsam hell und unter Oskar taucht der Weltraumbahnhof auf. Dort unten neben dem Raumschiff steht Eduard mit einem Hund. Der Hund hat eine Trainingsjacke an und wedelt freundlich mit dem Schwanz. Oskar landet und begrüßt Eduard. Eduard ist Forscher, genauer gesagt Umweltforscher. Er soll eine geheime Mission im Weltraum erfüllen. Eine Mission ist so etwas wie eine Aufgabe. Deshalb reist er heute zum ersten Mal ins All, und Oskar begleitet ihn, weil er das alles furchtbar spannend findet.

„Es geht um ein Experiment auf einem fremden Planeten, der ganz nah bei der Sonne liegt. Aber das ist wirklich streng geheim, Oskar", sagt Eduard.

„Herr Palmström wird unser Raumschiff steuern. Er ist nämlich ein erfahrener Weltraumhund und hat die berühmte Weltraumhundeschule besucht. Seine Lehrerin dort war Laika, die dann als allererster Hund ins All geflogen ist. Leider ist sie von ihrer Reise nie zurückgekehrt. Darüber ist er noch immer etwas traurig."

„Aha!", sagt Oskar und schüttelt Herrn Palmström die Pfote. „Ich freue mich, dich kennenzulernen. Wie war noch mal dein Name?"

„Palmström, P-a-l-m-s-t-r-ö-m", knurrt der Hund.

„Oskar ist ab und zu etwas zerstreut", mischt sich Eduard ein, „das musst du ihm nicht übel nehmen, Herr Palmström!"

„Schon gut!", sagt Herr Palmström mit seiner heiseren Stimme. „Jetzt aber los!" Zum Start ziehen alle drei ihre Raumanzüge an. Das machen Raumfahrer aus Sicherheitsgründen so. Nun liegen sie in ihren Raumschiffbetten und

warten auf den Countdown. Zehn, neun, acht, sieben, sechs, fünf, vier, drei, zwei, eins! Das Raumschiff hebt ab ins All, vorbei an Planeten und Monden. Nach einer Weile meldet sich der Bordcomputer: „Start beendet. Aufstehen, bitte!"

Doch kaum klettert Eduard aus dem Bett, schießt er wie eine Rakete unter die Decke und bleibt dort oben hängen. Verdutzt stößt er sich mit den Händen ab und landet wieder auf seinem Bett.

Herr Palmström lacht und es klingt wie ein Bellen: „Tja, das kommt von der Schwerelosigkeit. Schon die kleinste Bewegung im All genügt und ihr hüpft unter die Decke. Hier geht alles ganz leicht. Ihr braucht lange nicht so viel Kraft wie auf der Erde, weil es im Weltraum keine Erdanziehung gibt. Bewegt euch langsam, sonst schlagt ihr Purzelbäume."

Vorsichtig rudert Eduard mit den Armen.

„Den Raumanzug könnt ihr jetzt ausziehen", erklärt Herr Palmström. „Die Luft im Raumschiff ist wie auf der Erde und an die Schwerelosigkeit werdet ihr euch bald gewöhnen."

Eduard und Oskar ziehen ihre Raumanzüge aus, zuerst die Helme. Mithilfe des kleinen Spiegels am rechten Arm können sie den Verschluss ihrer

Helme genau sehen und dann öffnen. Zum Schluss hängen sie die Raumanzüge an eine Leiste mit Haken.

Mit Armen und Beinen rudert Eduard im Zeitlupentempo Richtung Laderaum. Dort ist sein Weltraumlabor untergebracht. Es wurde speziell für seine geheime Mission in das Raumschiff eingebaut. Eduard überprüft die Boxen, in denen die Sachen für seine Experimente verstaut sind, ganz genau. Er geht alle Versuche noch einmal durch und schaut nach den Bakterien, die er mitgenommen hat. Herr Palmström kontrolliert inzwischen im Cockpit die Route. Er nimmt Kontakt zur Erde auf und vergleicht die Erddaten mit den Daten des Raumschiffcomputers. Es scheint alles in Ordnung zu sein. Zufrieden macht er sich auf den Weg zu Eduard.

„Alles in Ordnung im Labor?", fragt Herr Palmström.

„Ja, alles prima", freut sich Eduard. „Den Bakterien ist der Start gut bekommen. Aber die Kiste ist ja auch hervorragend gepolstert."

Die beiden schweben zurück zu Oskar ins Cockpit. Der schaut gerade neugierig durch die Fenster des Raumschiffs in die Dunkelheit des Alls.

„Was ist das denn?", ruft er auf einmal. „Da fliegen ja lauter Sachen durchs All. Dahinten segelt sogar eine amerikanische Flagge."

„Wo denn?", fragt Eduard und presst die Nase an die Scheibe. „Tatsächlich, da draußen schweben ziemlich viele bunte Teile herum."

„Das ist Weltraummüll", klärt Herr Palmström sie auf. „Wenn der erst einmal seine Bahn gefunden hat, kreist er ewig durchs Universum. Die bunten Teile stammen vermutlich von explodierten Trägerraketen. Jetzt segeln sie auf ihrer Umlaufbahn im All, genau wie die verlorene Flagge."

„Also, ich würde mir das gern mal aus der Nähe anschauen. Was meint ihr?", fragt Oskar.

Herr Palmström und Eduard sind einverstanden.

Im All unterwegs

Astronauten fliegen mit
der Raumfähre ins All.

Nicht nur die Himmelskörper bewegen sich auf Umlaufbahnen im All. Seit etwa 50 Jahren werden Raketen, Weltraumsonden und Satelliten ins All geschossen. Dabei kann es schon mal vorkommen, dass Sachen verloren gehen. Deshalb gibt es seit dieser Zeit auch Weltraummüll. Er saust mit großer Geschwindigkeit durch unser Sonnensystem und kann anderen Weltraumflugkörpern bei einem Zusammenstoß gefährlich werden.

In der Weltraumsonde
fliegen keine Menschen
mit.

Der Satellit wird auch ohne Menschen
in den Weltraum geschossen.
Er empfängt Nachrichten von einem
Punkt der Erde und gibt sie an einen
anderen Punkt der Erde weiter.

Leben im All

Egal, ob man in einem Raumschiff oder einer Raumstation im All lebt, es ist vieles anders als auf der Erde.

WEIL ICH HIER OBEN NICHT MEHR VON DER ERDE ANGEZOGEN WERDE, FÜHLE ICH MICH GANZ LEICHT.

ICH KANN MICH GAR NICHT RICHTIG ABSTOSSEN MIT DEN FÜSSEN. ICH SCHWEBE!

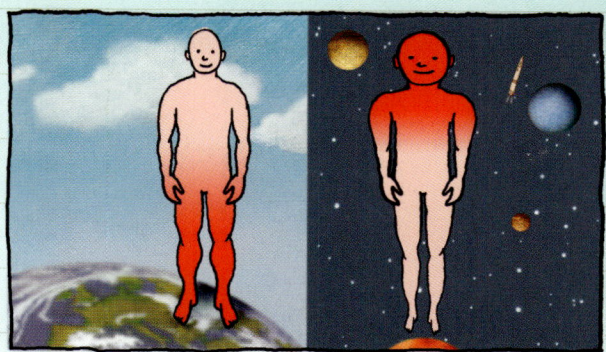

Auf der Erde werden die Flüssigkeiten im Körper nach unten gezogen. Doch unsere Herzpumpe arbeitet dagegen. Sonst bliebe der Kopf blutleer. Im All dagegen können die Flüssigkeiten leichter in den Kopf steigen. Die Astronauten bekommen dann dicke Köpfe und dünne Beine.

Durch die Schwerelosigkeit werden mit der Zeit die Muskeln schwach. Die Astronauten müssen ihre Beinmuskulatur jeden Tag auf dem Laufband trainieren, damit sie später auf der Erde das Laufen nicht verlernt haben.

390 Kilometer über uns kreist ein riesiges Forschungslabor um die Erde. Es ist so groß wie ein Fußballfeld. Monatelang arbeiten Astronauten hier oben am Ausbau der Weltraumstation ISS.

Jeder Handgriff in der Schwerelosigkeit ist schwierig. Der Astronaut kann sich noch nicht einmal die Schnürsenkel selbst zubinden.

Essen und trinken

Essen und trinken ist gar nicht so einfach im All. Wegen der Schwere-losigkeit bleibt der Tee nicht in der Tasse, sondern verteilt sich tröpfchen-weise in der Luft. Also muss alles eingesperrt werden. Um Gewicht zu sparen, werden die Getränke als Pulver in Plastiktüten transportiert. Mit Wasser wird das Ganze dann eine Limo oder ein Apfelsaft. Mit speziellen Trinkhal-men, die in einem Verschluss der Plastiktüte sitzen, können die Astronauten trinken. Zu essen gibt es Fertiggerichte. Sie werden mit Wasser verdünnt und in der Mikrowelle erwärmt. Das Essen muss immer festge-halten oder angeschnallt werden. Sonst schwebt es selbst-ständig durch das Raumschiff.

Schlafen im All

Die Kojen in einem Raumschiff sind sehr klein. Der Astronaut passt gerade hinein. Er liegt in einem Schlaf-sack. Über Beine, Bauch und Kopf schnallt er Gurte, damit er auf der Unterlage liegen bleibt. Die meisten Astronauten schlafen gut im All. Die Schwerelosigkeit lässt sie leichter atmen.

Die Weltraumtoilette

Auch Astronauten müssen mal aufs Klo gehen. Wenn sie Pipi machen, tun sie das in einen Schlauch. Wenn sie ein größeres Geschäft vorhaben, gehen sie auf die Weltraumtoilette. Das ist so eine Art Traktorsitz mit einem kleinen Loch in der Mitte. Über die Oberschenkel werden zwei Bügel gelegt, damit man auch sitzen bleibt. Nun wird ganz viel Luft in die Toilette gepumpt und gleichzeitig nach unten abge-saugt. Sie reißt den Stuhlgang mit sich. Um Gewicht zu sparen, wird alles ins All gepustet.

Versuch: Wie fühlt sich Schwerelosigkeit an?

Am besten kannst du das im Schwimmbad ausprobieren. Lege dich auf den Rücken und lass dich auf dem Wasser treiben. Du erfährst zwar nicht die totale Schwerelosigkeit, bekommst aber ein Gefühl dafür, wie sich Schwerelosigkeit anfühlt. Die Auftriebskraft des Wassers lässt dich schweben.

Rätsel

Warum haben in einem Raumschiff viele Gegenstände einen Klettverschluss?

Damit man die Gegenstände schnell und leicht befestigen kann. Sonst würden sie in der Schwerelosigkeit überall im Raumschiff herumschweben.

Duschen im All

Ja, es gibt eine Weltraumdusche. Es ist eine Kabine, in der das Wasser zwar aus einem Duschkopf kommt, aber nicht nach unten fließt. Die Wassertropfen schweben um den Astronauten herum. Damit es abfließt, wird es nach unten abgesaugt. Wegen der Schwerelosigkeit bleiben die Wassertröpfchen am Körper kleben. Der Astronaut muss sie absaugen oder warten, bis sie getrocknet sind.

Plötzlich fängt das Raumschiff heftig zu beben an. Eduard, Herr Palmström und Oskar werden durch das Cockpit geworfen, hin und her, rauf und runter. Dann gelingt es Herrn Palmström, einen Haken zu erwischen und sich daran festzuhalten. Im nächsten Augenblick kommt Eduard direkt auf ihn zugeflogen. Er kann gerade noch Herrn Palmströms rechte Pfote packen, dann baumeln beide am Haken. Das sieht so komisch aus, dass Oskar lachen muss. Peng! Schon stößt er mit dem Kopf gegen die Wand. Jetzt lachen auch Herr Palmström und Eduard. Nach einer Weile verschwindet das Beben und das Raumschiff fliegt wieder ruhiger. „Was war das?", fragt Eduard.

„Wahrscheinlich ein Mikrometeorid", meint Herr Palmström. „Das sind kleine Staubteilchen aus dem Sonnensystem. Sie rasen mit unglaublicher Geschwindigkeit durchs All. Beim Aufprall auf ein Raumschiff können die kleinen Dinger ganz schön viel Schaden anrichten. Zum Glück ist die Außenhülle unseres Raumschiffs so hart, dass ihr die Teilchen nichts anhaben können."

Der Bordcomputer schaltet sich ein: „Zeit für eine Mahlzeit." Alles läuft genau nach Plan.

„In einem Raumschiff gibt es flüssige Astronautenkost", sagt Herr Palmström. „Wir werden unser Essen durch diese Schläuche zu uns nehmen, wegen der Schwerelosigkeit. Das ist genau so, als ob ihr auf der Erde mit einem Strohhalm trinkt."

Wie die Astronautenkost schmecken soll, kann Herr Palmström am Bordcomputer bestimmen. Eduard und Oskar entscheiden sich für Erdbeerpuddinggeschmack. Herr Palmström nimmt Hundekuchengeschmack. Genüsslich saugen sie an ihren Schläuchen.

Pünktlich nach einer Stunde meldet sich der Bordcomputer wieder: „Bitte bereit machen zum Schlafen."

Die drei kuscheln sich in ihre Raumschiffbetten und schlafen sofort ein. Eduard und Herr Palmström haben sich vorher angeschnallt. Aber Oskar hat das natürlich vergessen. Deshalb schwebt er nach kurzer Zeit schlafend durchs Raumschiff. Langsam segelt er auf die Koje von Eduard zu und landet mit einem kleinen Plumps auf dessen Bauch.

Erschrocken fährt Eduard hoch: „Was machst du denn da auf meinem Bauch?" Aber Oskar hört ihn gar nicht. Seelenruhig schnarcht er weiter. Erst als Eduard ihn wegschiebt, wacht er auf.

„Was ist los?", fragt er verdattert.

„Du hast vergessen, dich anzuschnallen, und bist wie ein Gespenst durchs Raumschiff geschwebt!"

„Tut mir leid", sagt Oskar kleinlaut und kehrt zurück in sein Raumschiffbett. Diesmal schnallt er sich an.

Eduard aber kann nicht wieder einschlafen. Er steht auf und schaut durch die Fenster in die dunklen Weiten des Weltraums. Da sausen wunderschöne Lichtblitze auf ihn zu. Wie ein Feuerwerk tanzen sie vor seinen Augen und zu jedem Lichtblitz erklingen helle Töne. Eduard ist wie verzaubert.

Das müssen Wesen aus dem Weltraum sein, denkt er. Sie rufen mich.

Doch plötzlich werden die Fenster schwarz und die Blitze und Klänge sind verschwunden.

„Mist, bestimmt sind wir durch eine dicke Wolke Weltraumstaub geflogen", murmelt Eduard verärgert. „Jetzt liegt der Staub zentimeterdick auf den Scheiben und trennt mich von meinen neuen Weltraumfreunden."

Er greift zum Besen. „Dann fege ich eben die Scheiben sauber", sagt er entschlossen.

Obwohl er das noch nie ausprobiert hat, öffnet er die Ausgangsschleuse des Raumschiffs und rudert hinein. Dann zieht er seinen Weltraumanzug an und drückt einen Knopf. Die Schleusentür zum Raumschiff schließt sich. Die Luft wird jetzt automatisch aus der Schleuse gepumpt und die Tür nach draußen in den Weltraum öffnet sich. Eduard schwebt mit dem Besen in den Weltraum hinaus. Er ist so aufgeregt über seinen ersten Spaziergang im All, dass er überhaupt nicht merkt, wie er sich immer weiter vom Raumschiff entfernt. Ein Zurück gibt es nicht mehr. Er ist auf seiner eigenen Umlaufbahn gefangen.

„Hilfe! Herr Palmström, ich treibe durchs All!", ruft er verzweifelt in die Sprechanlage seines Raumanzugs.

Herr Palmström schreckt aus dem Schlaf und schüttelt sich ein paarmal. Als er merkt, was passiert ist, schnappt er sich in Windeseile seinen Raumanzug und greift geistesgegenwärtig zu einer Rückstoßrakete. Dann rudert er an einer Sicherheitsleine hinter Eduard her.

„Nicht bewegen, Eduard, sonst wirst du zu schnell! Bleib ruhig, ich bin schon unterwegs", kommandiert er übers Helm-Mikrofon.

Er rudert schneller und schneller. Tatsächlich kommt er Eduard immer näher, bis er ihn endlich eingeholt hat. Er hakt die Sicherheitsleine an Eduards

Raumanzug ein, dann feuert er die Rückstoßrakete ab und die beiden werden zurück zum Raumschiff geschleudert.

Oskar fällt ein Stein vom Herzen und er klopft ihnen ausgiebig auf die Schulter. Herr Palmström schält sich hastig aus seinem Weltraumanzug.

„Bist du verrückt?", bellt er Eduard an. „Wie konntest du so einfach ins All hinausschweben?"

„Ich wollte doch nur die Scheiben sauber machen, um das Weltraumfeuerwerk noch mal zu sehen", erklärt Eduard.

„Was denn für ein Weltraumfeuerwerk?", fragt Herr Palmström verständnislos.

„Lauter wundervolle Lichtblitze und Klänge!", schwärmt der Forscher.

„Ich glaube, die Klänge hast du dir eingebildet", knurrt Herr Palmström, „aber die Lichtblitze gibt es wirklich. Du siehst sie, wenn schnelle, winzige Teilchen aus der Sonne auf deine Augen treffen. Das ist allerdings nicht ungefährlich. Sie können dein Gleichgewicht ganz schön durcheinanderbringen. Also sei das nächste Mal vorsichtig, und sag uns Bescheid, bevor du das Raumschiff verlässt!"

„Ja, du hast ja recht", sagt Eduard kleinlaut.

Schnell wie das Licht fliegt das Raumschiff durch die Weite des Alls und so kommen sie schon bald bei dem fremden Planeten an. Herr Palmström legt eine tolle Landung mit dem Raumschiff hin. Eduard bereitet seinen Ausflug sorgfältig vor. Er schwebt in sein Forschungslabor und holt die Kiste mit den Bakterien. Dann rudert er in die Ausgangsschleuse des Raumschiffs. Oskar begleitet ihn.

„Bevor du jetzt deinen Raumanzug anziehst, will ich mir den noch einmal ganz genau ansehen. Beim Start musste ja alles so schnell gehen", sagt er.

„Warum nicht? Ich habe nichts dagegen!", stimmt Eduard zu.

GANZ SCHÖN STEIF, SO EIN RAUMANZUG. WENIGSTENS IST ER AN DEN KNIE- UND FUSSGELENKEN EINIGERMASSEN BEWEGLICH.

DAS HIER IST SO EINE ART UNTERWÄSCHE. DURCH DIE KLEINEN SCHLÄUCHE FLIESST KALTES WASSER, DAMIT ES UNS ASTRONAUTEN IN DEM LUFTDICHTEN ANZUG NICHT ZU HEISS WIRD.

SO, JETZT KOMMT DAS OBERTEIL. ERST DIE EINE HÄLFTE UND DANN DIE ANDERE HÄLFTE.

MEIN HELM IST AUS UNZERBRECHLICHEM PLASTIK. DORT, WO ER DURCHSICHTIG IST, IST ER MIT GOLD BESCHICHTET, DAMIT MEIN GESICHT NICHT VON GEFÄHRLICHEN STRAHLEN GETROFFEN WERDEN KANN. IM HELM HABE ICH KOPFHÖRER UND EIN MIKROFON. SO KANN ICH MIT MEINEN KOLLEGEN IN DER RAUMFÄHRE SPRECHEN.

AN DIESEM SCHALTPULT REGELE ICH DIE TEMPERATUR IM ANZUG UND BESTIMME, WIE VIEL SAUERSTOFF ICH ZUM ATMEN BRAUCHE. AUSSERDEM KANN ICH MEINE KOPFHÖRER LEISER ODER LAUTER STELLEN UND DIE LAMPE AN MEINEM HELM EIN- UND AUSSCHALTEN.

JETZT NOCH DIE BEHEIZTEN HANDSCHUHE UND LOS GEHT'S.

Wie bewegt man sich im All?

Die Astronauten müssen einen Raumanzug anziehen, wenn sie im All ihr Raumschiff, ihre Raumfähre oder ihre Raumstation verlassen. Dazu müssen sie zuerst in eine Luftschleuse. Hier ziehen die Astronauten ihre Raumanzüge an. Dann wird die Luft aus der Schleuse gepumpt und sie können ins All hinausschweben.

Wenn die Astronauten auf der Sonnenseite der Erdumlaufbahn im All arbeiten, kann es ganz schön heiß werden: über 100 °C.

Arbeiten sie auf der Nachtseite, ist es bitterkalt: bis unter − 150 °C.

Arbeiten im All

Bis zu sieben Stunden arbeiten Astronauten im All. Die Außenwände einer Raumstation müssen immer wieder geprüft werden. Die Astronauten montieren Ersatzteile oder verlegen Kabel.

Die Sonne

D ie Sonne spendet den Planeten Wärme und Licht. Seit 4,6 Milliarden Jahren strahlt sie Stunde für Stunde auf unsere Erde. Dazu verbrennt die Sonne große Mengen von Wasserstoff. Um sie herum schweben heiße Gase mit lauter magnetisch geladenen Teilchen, die sich überall im Weltraum ausbreiten: die Sonnenwinde.

Die Sonne ist eine riesige Gaskugel. Auf ihrer Oberfläche sprudeln und dampfen Gase mit einer Temperatur von 5.500 °C. Das ist mehr als 50-mal so heiß wie kochendes Wasser.

An manchen Stellen der Sonne strömt nicht genug heißes Gas nach. Dort kühlt die Oberfläche ab und bildet braune Löcher. Die nennt man Sonnenflecken.

Die alten Maya-Stämme in Mexiko haben schon vor 3000 Jahren die Sonne verehrt. Sie stellten sich den Sonnengott so vor: Morgens war er jung und abends alt. Denn er musste ja jeden Tag eine weite Reise am Himmel zurücklegen. Schon damals konnten sie berechnen, wann es zu einer Sonnenfinsternis kam. Sie glaubten, dann würde ein Ungeheuer die Sonne verschlingen.

Was passiert bei einer Sonnenfinsternis?

Der Mond steht zwischen der Sonne und der Erde. Alle drei sind auf einer Linie. Genau zu diesem Zeitpunkt gibt es eine totale Sonnenfinsternis. Der Mond wirft einen Schatten auf die Erde. Für alle, die in diesem Schatten stehen, verdunkelt sich die Sonne. Nur die dampfende Gasschicht um die Sonne herum, die Korona, ist noch zu sehen.

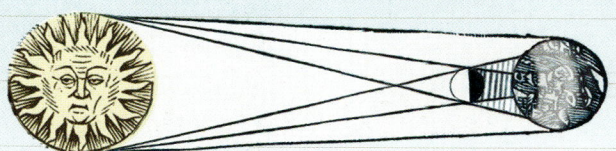

Die letzte Sonnenfinsternis war am 11. August 1999 in Deutschland zu beobachten. Jetzt dauert es bis zum Jahr 2081, bis die Sonne bei uns wieder total verfinstert wird.

Versuch: Probiere selbst eine Sonnenfinsternis aus

1. Du brauchst deinen Erdluftballon und eine Taschenlampe. Der Luftballon ist wieder die Erde. Die Taschenlampe ist die Sonne.

2. Nun brauchst du noch einen Mond. Nimm einen gelben Luftballon und blase ihn nicht so stark auf wie die Erde; denn der Mond ist ja kleiner als die Erde. Mit einem Röllchen Klebeband befestigst du erst die Erde auf dem Tisch und dann den Mond.

3. Jetzt machst du die Taschenlampe an und legst sie genau hinter den Mond. Nun kannst du sehen, wo der Mond einen Schatten auf die Erde wirft. Alle, die in diesem Schatten sind, können die Sonne nicht sehen, da der Mond dort das Licht der Sonne verdeckt.

Nachdem Oskar sich alles ganz genau angeschaut hat, zieht Eduard seinen Raumanzug an und überprüft ein letztes Mal die Funkverbindung zu Herrn Palmström: „Achtung, Achtung, Herr Palmström, bitte kommen! Ich verlasse jetzt die Luftschleuse."

„Palmström an Eduard! O. k., habe verstanden, viel Glück!", antwortet Herr Palmström. „Und denk dran, wie nah wir jetzt an der Sonne sind, es ist sehr, sehr heiß hier."

Eduard drückt den Knopf, der die Schleusentür zum Raumschiff schließt und die Tür nach draußen in den Weltraum öffnet. Vor ihm liegt der fremde Planet. Grelle Strahlen blitzen im Sekundentakt auf die grauen Steine. Sie kommen direkt von der Sonne und sind glühend heiß. Eduard spürt die gewaltige Hitze sogar durch seinen Raumanzug.

„Beeil dich, Eduard", hört er Herrn Palmströms heisere Stimme im Kopfhörer „Du darfst wirklich keine Zeit verlieren. Lange kann dein Raumanzug die Hitze nicht abhalten." Eduard nimmt schnell den Deckel von der Kiste, und die Strahlen der Sonne fallen direkt auf die Bakterien, zehn Sekunden lang. Das reicht. Später auf der Erde will Eduard dann prüfen, was die Sonnenstrahlen mit den Bakterien angestellt haben. Vielleicht kann er daraus wichtige Schlüsse ziehen. Zum Beispiel, wie gefährlich das Ozonloch über der Erde ist. Doch jetzt muss er erst einmal den Deckel wieder schließen und so schnell wie möglich ins Raumschiff zurückkehren. Der Weg dorthin kommt ihm unendlich lang vor. Kein Wunder, er bewegt sich ja auch nur im Zeitlupentempo vorwärts. Plötzlich stolpert Eduard und die Kiste fällt ihm fast aus den Händen. Es ist jetzt unerträglich heiß und ihm wird schwindelig.

„Eduard, bitte kommen!", ruft Herr Palmström.

Keine Antwort!

„Palmström an Eduard, bitte kommen!", brüllt Herr Palmström noch einmal.

Nichts. Von Eduard kommt kein Signal.

„Was ist, wenn Eduard was passiert ist?", fragt Oskar besorgt. „Wenn er es allein nicht mehr zurück zum Raumschiff schafft?"

„Leider können wir den Schleusenausgang vom Cockpit aus nicht sehen", sagt Herr Palmström. „Wir müssen sofort zur Schleuse."

Er merkt an seinen Anzeigegeräten, dass die Schleusentür zum Weltraum noch offen ist. Er schließt sie per Knopfdruck, zieht zur Sicherheit seinen Raumanzug an und öffnet dann die Schleusentür zum Raumschiff. In der Schleuse auf dem Boden liegt Eduard, die Kiste mit den Bakterien im Arm. Oskar und Herr Palmström sind erleichtert. Doch Eduard rührt sich nicht. Behutsam zieht ihm Oskar seinen Raumanzug aus und schleppt ihn ins Raumschiff. Herr Palmström macht die Schleusentür zu und rudert hinter Oskar her ins Cockpit.

„Jetzt aber nichts wie weg von hier, denn die heiße Strahlung wird langsam auch für das Raumschiff zu viel!", ruft er und hebt mit dem Raumschiff vom Planeten ab.

Schon beschleunigen sie und entfernen sich, so schnell es geht, von dem bedrohlichen Ort.

Eduard erwacht langsam aus seiner Ohnmacht. Doch er ist so erschöpft, dass er sich gleich in sein Raumschiffbett legen muss. Auch Herr Palmström und Oskar müssen sich erst mal von dem Abenteuer erholen.

„Oskar, anschnallen nicht vergessen", flüstert Eduard noch.

Oskar nickt und schaut zu Herrn Palmström rüber. Es ist ihm superpeinlich. Aber zum Glück hat Herr Palmström nichts mitbekommen. Er träumt nämlich schon von Laika, seiner Lehrerin in der berühmten Weltraumhundeschule.

Nach einer Weile werden sie vom Bordcomputer geweckt: „Wir nähern uns der Erde, bitte bereit machen zur Landung."

Herr Palmström, Eduard und Oskar ziehen ihre Raumanzüge an und legen sich wieder auf ihre Raumschiffbetten. Mit einem sanften Ruck landet das Raumschiff auf dem Weltraumbahnhof. Die geheime Mission war ein voller Erfolg und die drei sind mächtig stolz. Was die Sonnenstrahlen mit den Bakterien angestellt haben, wird wahrscheinlich erst viel, viel später in der Zeitung stehen. Denn es dauert ja immer eine Weile, bis die Wissenschaftler ihre Geheimnisse ausplaudern.

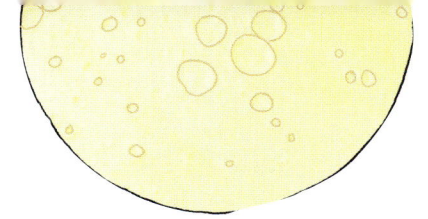

5. Mondhelden

*O*skar fliegt schon die ganze Nacht hindurch. Da hört er auf einmal unter sich ein entsetzliches Gejammer.

„Endlich habe ich sie gefunden!", freut er sich. „Das können nur das kleine und das große Mondtaub sein!"

Und tatsächlich sitzen da zwei merkwürdige Wesen auf einer Bergspitze und heulen den Mond an. Sie sehen aus wie farbig glänzende Kugeln und haben ein schönes, kräftiges Bein. Auf dem hüpfen sie durch die Gegend. Mit einem Sprung kommen sie vier Meter hoch und vier Meter weit. Sie lieben den Mond über alles. Ihr größter Wunsch ist es, ihn einmal zu besuchen. Aber weil sie nicht wissen, wie sie zu ihm hinaufkommen sollen, heulen sie oft die ganze Nacht hindurch. Die Leute nennen sie Mondtaube, weil man in Vollmondnächten von ihrem Geheule regelrecht taub wird.

Ansonsten können die Menschen die Mondtaube nicht hören und nicht sehen.

Als Oskar landet, bemerken sie ihn vor lauter Wehklagen nicht. Da bleibt ihm nichts anderes übrig, als bis zum Morgen zu warten. Als die Sonne aufgeht, begrüßt er die beiden.

„Hallo, Oskar! Wo kommst du denn plötzlich her?", ruft das kleine Mondtaub.

„Ich bin schon heute Nacht angekommen. Aber ihr habt ja mal wieder den Mond angebetet. Da wollte ich nicht stören", grinst Oskar.

„Wie schön, dich wiederzusehen", sagt das große Mondtaub. „Wir wollten gerade ein paar Besorgungen machen. Du kannst mitkommen, wenn du willst. Ich nehme dich huckepack, dann bist du genauso unsichtbar wie wir."

„Gerne!", sagt Oskar.

In der kleinen Stadt unterhalb des Berges holen sich die Mondtaube alles, was sie brauchen. Die Leute können sie ja nicht sehen. Und wenn ihnen jemand im Weg steht, hüpfen sie einfach durch ihn hindurch. Sie holen Johannisbrot, das essen sie am liebsten. Scheuerpulver brauchen sie auch noch. Damit schrubben sie sich gegenseitig den Rücken ab, weil es so herrlich kitzelt. Schließlich machen sie sich auf den Rückweg.

„Wir haben übrigens eine Rakete gebaut, Oskar. Weil wir doch zum Mond reisen wollen. Aber sie fliegt leider nicht", sagt das kleine Mondtaub betrübt. Es zieht eine verbeulte Metalltüte mit einer abgeknickten Spitze hervor.

„Na ja", lacht Oskar, „wie eine Rakete sieht das aber nicht gerade aus." Plötzlich greift er sich an den Kopf: „Verflixt! Ich habe ganz vergessen zu tanken. Ohne mein Spezialbenzin

läuft mein Propeller aber nicht. Ich muss dringend los."

Oskar verabschiedet sich hastig und verspricht, bald wiederzukommen.

Die beiden Mondtaube bauen in der Zwischenzeit eine neue Rakete. Und die wird richtig schön. Begeistert boxt das große Mondtaub dem kleinen Mondtaub in die rechte Kugelseite.

„Aua!", ruft das kleine Mondtaub. „Nur wegen der neuen Rakete brauchst du mich doch nicht zu boxen."

„Entschuldigung!", sagt das große Mondtaub. Aber ich bin so furchtbar aufgeregt, denn jetzt müssen wir nur noch herausbekommen, wie sie fliegt."

„Darüber muss ich erst mal in Ruhe nachdenken", sagt das kleine Mondtaub. „Am besten, wir machen eine Bootsfahrt. Du ruderst und ich denke nach."

Das große Mondtaub hasst es, zu rudern. Aber für einen Raketenantrieb würde es alles tun. Sie rudern einmal quer über den See und zurück. Dem großen Mondtaub läuft vor lauter Anstrengung der Schweiß über den Kugelbauch. Bei jedem Ruderschlag ächzt und stöhnt es.

Als sie wieder beim Steg ankommen, sagt das kleine Mondtaub: „Du springst als Erstes auf den Steg. Aber nimm die Leine mit!"

Mit letzter Kraft hüpft das große Mondtaub vom Boot auf den Steg und das Boot macht einen Satz rückwärts auf den See.

„Hast du das gesehen?", fragt das kleine Mondtaub.

„Was?", fragt das große Mondtaub.

„Als du auf den Steg gesprungen bist, hast du mit deiner Kraft das Boot zurück in den See gestoßen", erklärt das kleine Mondtaub begeistert. „Wir machen jetzt einen Versuch. Du springst immer wieder vom Boot auf den Steg und ich beobachte dabei das Boot."

„Muss das sein?", murrt das große Mondtaub. „Ich bin sowieso schon fix und fertig von der dämlichen Ruderei!"

Widerwillig klettert es ins Boot zurück und springt unbeholfen auf den Steg. Nach dem achten Mal taucht plötzlich Oskar auf.

„Was macht ihr denn da?", will er wissen.

„Einen Versuch", sagt das kleine Mondtaub mit wichtiger Miene.

„Ich glaube, ihr begreift gerade, was Rückstoß bedeutet", grinst Oskar.

„Ich nicht, mir tut nur alles weh", jammert das große Mondtaub.

„Dann pass mal auf. Wenn du eine Kraft aus einem Fahrzeug herausstößt, bewegt das Fahrzeug sich in die entgegengesetzte Richtung", erklärt Oskar geduldig.

„Ich hab es! Genau so muss auch unsere Rakete funktionieren. Mit Rückstoß!", sagt da plötzlich das kleine Mondtaub.

„Da hast du recht! Was meint ihr, sollen wir uns vielleicht mal ein paar Raketen näher ansehen?", schlägt Oskar vor.

Das große und das kleine Mondtaub hüpfen vor Begeisterung.

Die Rakete wird durch Rückstoß angetrieben. Einen Rückstoßantrieb gibt es auch in der Natur.

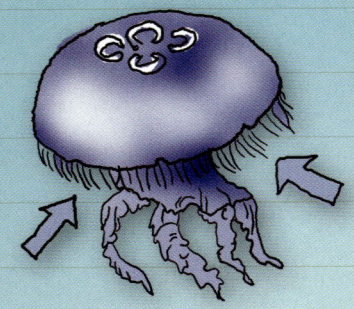

Quallen nehmen Wasser auf. Dann ziehen sie sich zusammen und pressen das Wasser mit hohem Druck heraus. So bewegen sie sich vorwärts. Genau so funktioniert das bei der Rakete. Bei ihr wird meistens heißer Wasserstoff aus dem Triebwerk gedrückt.

Mit einer Rakete ins Weltall

Solange die Menschen Sterne beobachten, sehnen sie sich auch danach, zu den Sternen zu reisen. Bereits im 16. Jahrhundert wollte Conrad Haas in Hermannstadt in Rumänien eine Rakete in den Himmel schießen. Sie sollte sogar schon dreistufig sein. Es war auch ein Häuschen geplant, in dem Menschen mitfliegen sollten. Auch heutzutage werden Raumschiffe noch mit Raketen ins All befördert.

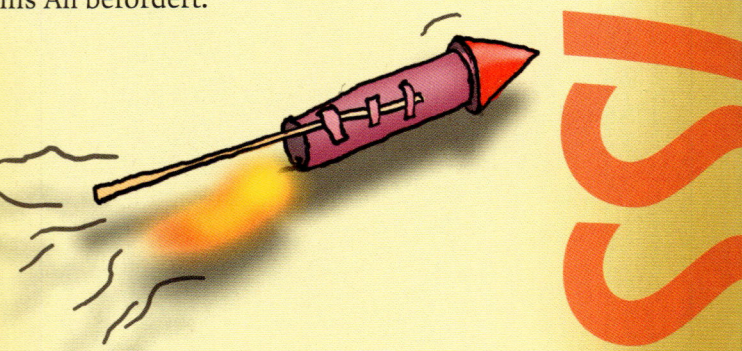

Die ersten Raketen sind vor ungefähr 1000 Jahren in China erfunden worden. Erst sollten sie nur Geister vertreiben. Doch dann schossen die Chinesen mit den Raketen auf Feinde. Sie wurden mit Schwarzpulver angezündet.

Schon im Jahr 1900, als Kind, träumte Hermann Oberth davon, eine Rakete zu bauen. Auch seine Raketenerfindungen hatten mehrere Stufen.

Der Amerikaner Robert Goddard wollte 1926 mit einer Rakete zum Mond fliegen. Er entdeckte ebenfalls, dass so eine Rakete aus mehreren Teilen bestehen muss, um von der Erde bis ins Weltall zu kommen.

SO WIE JURI GAGARIN INS ALL GEKOMMEN IST, PROBIERE ICH DAS JETZT AUCH MAL. DIE RAKETE STARTET MIT DEN ÄUSSEREN STARTHILFSRAKETEN.

Der russische Astronaut Juri Gagarin war der erste Mensch im All. Am 12. April 1961 umrundete er in einem Raumschiff die Erde. Es hieß Wostok 1.

DIE STARTHILFSRAKETEN HABE ICH NACH 2 MINUTEN ABGEWORFEN, WEIL IHRE RÜCKSTOSSKRAFT VERBRAUCHT IST. DAS MUSS ICH MACHEN, DAMIT MEINE RAKETE NICHT ZU SCHWER WIRD.

06:07

06:09

NUN HABE ICH AUCH DIE ZWEITE RAKETENSTUFE ABGEKOPPELT.

MIT DER LETZTEN RAKETENSTUFE HABE ICH DIE UMLAUFBAHN ERREICHT.

06:12

06:17

JETZT WIRD ES ZEIT, DASS ICH ZURÜCK ZUR ERDE KOMME. ALSO ZÜNDE ICH DIE RÜCKSTOSSRAKETE, DIE MICH WIEDER IN RICHTUNG ERDE BRINGT. WENN ICH IN DER LUFTSCHICHT UM UNSERE ERDE ANGEKOMMEN BIN, STEIGE ICH AUS DER RAUMKAPSEL AUS UND LEGE DEN REST DER REISE MIT EINEM FALLSCHIRM ZURÜCK.

GESCHAFFT, GENAU WIE JURI GAGARIN!

07:35

08:05

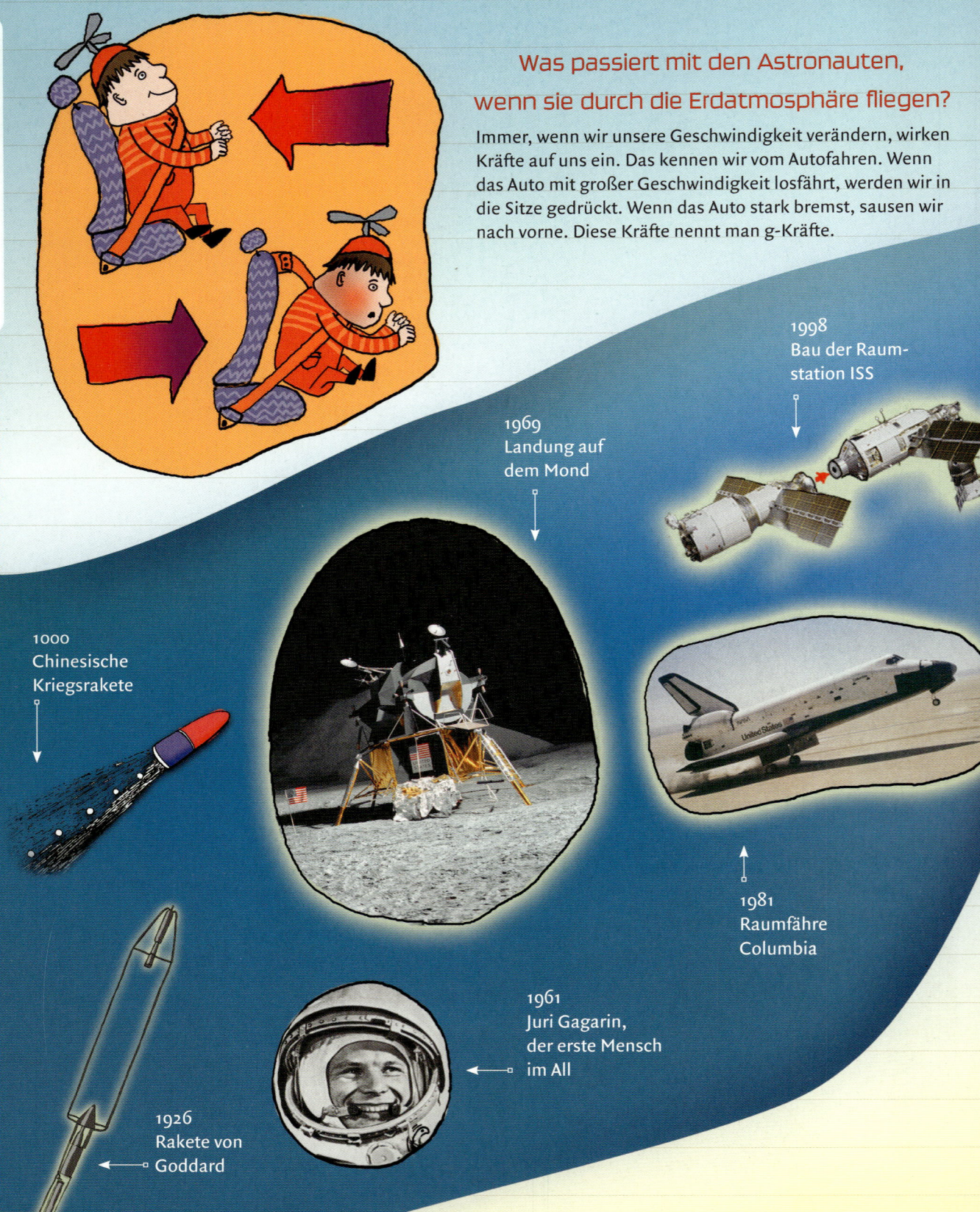

Was passiert mit den Astronauten, wenn sie durch die Erdatmosphäre fliegen?

Immer, wenn wir unsere Geschwindigkeit verändern, wirken Kräfte auf uns ein. Das kennen wir vom Autofahren. Wenn das Auto mit großer Geschwindigkeit losfährt, werden wir in die Sitze gedrückt. Wenn das Auto stark bremst, sausen wir nach vorne. Diese Kräfte nennt man g-Kräfte.

1998
Bau der Raum-
station ISS

1969
Landung auf
dem Mond

1000
Chinesische
Kriegsrakete

1981
Raumfähre
Columbia

1961
Juri Gagarin,
der erste Mensch
im All

1926
Rakete von
Goddard

Geplante Entwicklung der Raumfahrt

2014
Erster Flug des Orion-Raumschiffs mit Astronauten zur Raumstation ISS

2030
Erste Astronauten landen auf dem Mars.

2020
Das Orion-Raumschiff fliegt mit Astronauten auf den Mond, um eine Mondstation zu bauen.

2011
Geplante Fertigstellung der Raumstation ISS

Wenn eine Rakete durch die Erdatmosphäre beschleunigt, wirken diese g-Kräfte auf die Astronauten. Manchmal werden die Kräfte so stark, dass die Rakete etwas langsamer fliegen muss, damit die Astronauten nicht so einen hohen Druck aushalten müssen. Das passiert automatisch, es ist alles computergesteuert. Man kann von zu hohem Druck nämlich ohnmächtig werden.

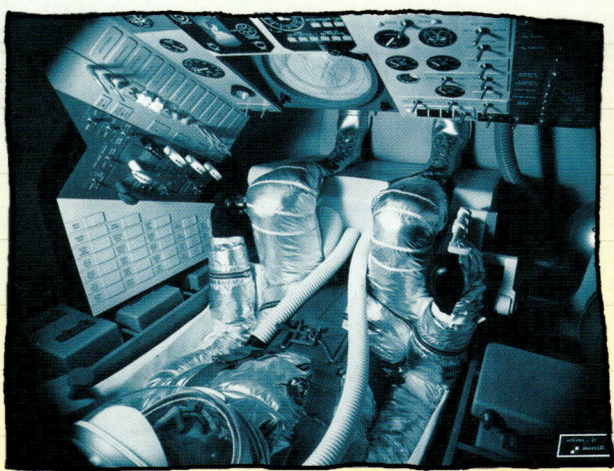

Der Mars ist so weit entfernt, dass die Astronauten erst einmal einen Zwischenstopp auf dem Mond machen müssen, bevor sie zum Mars weiterfliegen können. Sie bleiben viele Monate im All, bis sie zur Erde zurückkehren. Die Astronauten wollen versuchen, Sauerstoff und Wasser aus dem Marsboden zu gewinnen, damit sie eine Zeit lang dort leben können.

„Das war sehr interessant!", sagt das kleine Mondtaub. „Vor allem, weil wir ja bald zum Mond reisen wollen."

„Aber das wird doch viel zu lange dauern, bis wir einen vernünftigen Raketenantrieb gebaut haben!", jammert das große Mondtaub.

„Das glaube ich auch", lacht Oskar. „Deshalb habe ich eine bessere Idee. In dieser Zeitung hier steht, dass demnächst drei Amerikaner zum Mond fliegen."

„Zeig mal!", sagt das große Mondtaub und grapscht nach der Zeitung.

„Du kannst doch gar nicht lesen!", sagt das kleine Mondtaub ärgerlich.
„Lass Oskar vorlesen!"

„Die Vorbereitungen zur ersten Landung auf dem Mond sind fast beendet",
beginnt Oskar. „Den drei Raumfahrern Neil Armstrong, Buzz Aldrin und
Michael Collins geht es gut. Am 16. Juli soll die Apollo 11 in Cape Canaveral
an den Start gehen."

„Großartig! Großartig! Da fahren wir mit! Da fahren wir mit!", ruft das kleine Mondtaub und springt mit einem Riesensatz auf den Steg.

„Ich weiß nicht, ob das so eine gute Idee ist", sagt das große Mondtaub
ängstlich.

„Ach was!", beruhigt Oskar es, „ich bin doch schließlich mit dabei. So eine
Reise zum Mond will ich mir nicht entgehen lassen."

„Aber wo ist denn dieses Kap Karneval überhaupt?", fragt das große Mondtaub.

„Es heißt Cape Canaveral und ist ein Weltraumbahnhof in Nordamerika",
zischt das kleine Mondtaub ärgerlich.

„Stimmt, da müssen wir nach Florida fliegen", erklärt Oskar.

„Ja, ja", sagt das kleine Mondtaub hastig, „am besten, wir machen uns gleich
auf den Weg, damit wir den Start auch ja nicht verpassen."

Das kleine Mondtaub hüpft sofort los und das große Mondtaub springt mit
Oskar huckepack hinterher. Am Bahnhof kaufen sie drei Fahrkarten nach
Frankfurt. Und als sie dort angekommen sind, steigen sie in ein großes
Flugzeug und fliegen nach Amerika.

Die Astronauten in Cape Canaveral trainieren schon fleißig für ihre Reise
zum Mond. In Raumanzügen spazieren sie in einem Wasserbecken herum
und üben so, wie sie sich in der Schwerelosigkeit auf dem Mond bewegen

können. Oder sie probieren die Werkzeuge aus, mit denen sie später auf dem Mond arbeiten sollen. Neil Armstrong – der wird der Chef des Apollo-Fluges sein – freundet sich gerade mit der Mondlandefähre an.

Und am 16. Juli 1969 ist es dann so weit. Neil Armstrong, Buzz Aldrin und Michael Collins gehen in ihren Raumanzügen zum Start. Das kleine und das große Mondtaub hüpfen mit Oskar hinterher. Aber das sieht natürlich keiner, weil sie ja unsichtbar sind.

Vor ihnen auf dem Startplatz erhebt sich die riesige Saturn-V-Rakete, die die Apollo 11 zum Mond befördern soll. Sie ist ganze 110 Meter hoch. Bei ihrem Anblick seufzt das kleine Mondtaub vor Bewunderung ganz laut. Verwirrt dreht Neil sich um. Doch hinter ihm ist nichts zu sehen.

„Was ist los?", fragt Michael.

„Ach, nichts, ich dachte nur, ich hätte jemanden seufzen gehört", antwortet Neil und zuckt mit den Schultern.

„Du hörst wohl schon Gespenster", lacht Buzz.

Dann sind sie in der Rakete verschwunden und mit ihnen die Mondtaube und Oskar. Die Astronauten setzen sich in ihre Sessel und schnallen sich an.

„Ziemlich eng hier", sagt das große Mondtaub und quetscht sich mit Oskar in eine Ecke.

Das kleine Mondtaub setzt sich zwischen zwei Astronautensessel. Und dann startet die Saturn-V-Rakete endlich ins Weltall. Das erste Triebwerk zündet. 3 Minuten und 7 Sekunden brennt es, dann wird es abgestoßen. Nun zündet das nächste Triebwerk und bringt das Raumschiff sicher durch die Erdatmosphäre. Durch die Beschleunigung fühlen sich die blinden Passagiere, als ob sie ganz fest zusammengedrückt werden. Die Kraft, die auf sie wirkt, ist fast viermal so stark wie ihr eigenes Gewicht.

„Puh", stöhnt das große Mondtaub, „ich werde ja total zerquetscht!"

„Halt durch! Halt durch! Es wird bald wieder besser", sagt das kleine Mondtaub.
Nach 12 Minuten und 39 Sekunden haben sie es geschafft. Das Raumschiff
kreist nun sicher auf seiner Umlaufbahn um die Erde. Das dritte Triebwerk
zündet und das Raumschiff nimmt Kurs auf den Mond. Die beiden Mondtaube und Oskar atmen auf.
„So", sagt Oskar, „ich finde, es wird Zeit, dass wir die Apollo 11 gründlich
erkunden."
Das kleine und das große Mondtaub sind natürlich zu allem bereit.

Die APOLLO-11-Mission

Im Jahre 1969 machte sich die Apollo 11 auf den Weg zum Mond. An Bord waren drei Astronauten:

Neil Armstrong   Buzz Aldrin   Michael Collins

Von Cape Canaveral in Florida wurde das Raumschiff Apollo 11 in der Trägerrakete Saturn V ins Weltall geschossen. Doch bevor die Astronauten zum Mond fliegen konnten, mussten sie erst üben, wie man sich auf dem Mond bewegt und wie man dort mit Werkzeugen umgeht.

GANZ SCHÖN UMSTÄNDLICH, SICH IN SO EINEM RAUMANZUG ZU BEWEGEN. UND DANN AUCH NOCH ZU ARBEITEN, PUH!

IM WASSER ZU LAUFEN IST GAR NICHT SO LEICHT, WEIL DAS WASSER MICH IMMER WIEDER NACH OBEN TRAGEN WILL. SO ÄHNLICH MUSS ES SICH AUF DEM MOND ANFÜHLEN.

SO, LAUFEN GEHT SCHON EINIGERMASSEN. JETZT MUSS ICH NOCH ÜBEN, IN DER SCHWERELOSIGKEIT ZU WERKELN. DIE SCHRAUBE WILL UND WILL SICH NICHT FESTZIEHEN LASSEN.

Was gehört alles zur Saturn V?

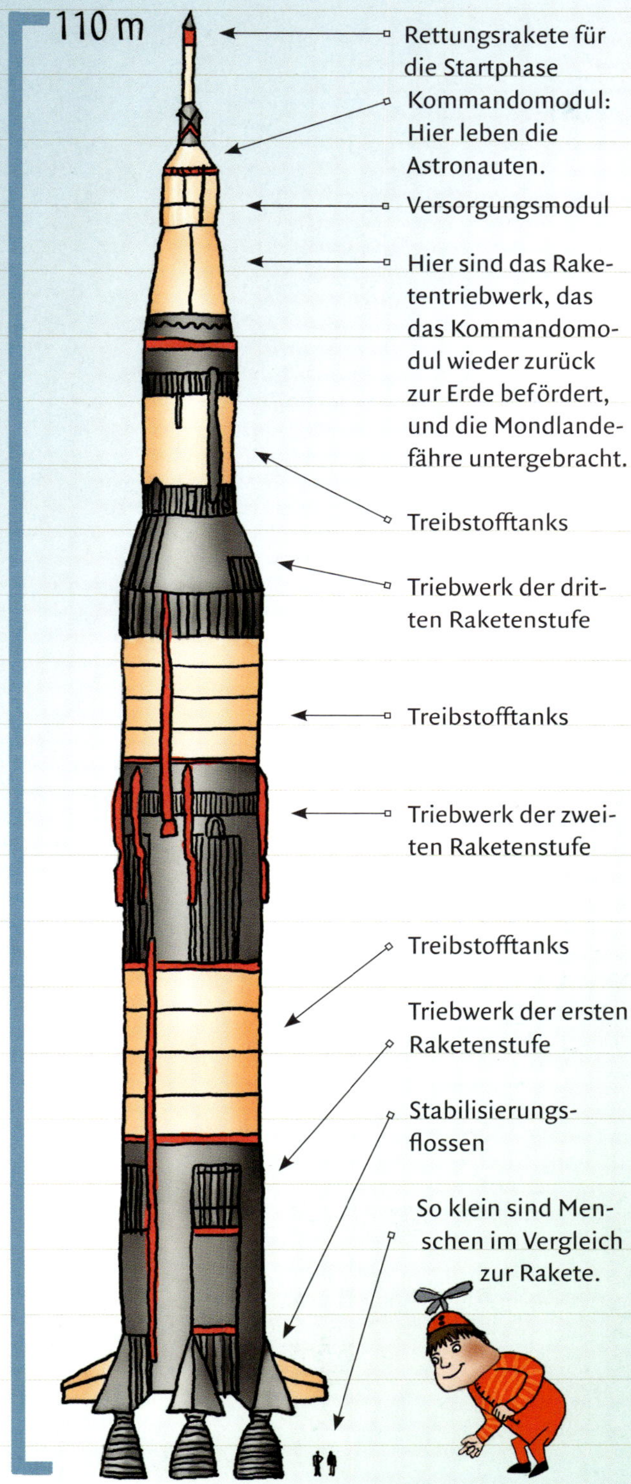

110 m

- Rettungsrakete für die Startphase
- Kommandomodul: Hier leben die Astronauten.
- Versorgungsmodul
- Hier sind das Raketentriebwerk, das das Kommandomodul wieder zurück zur Erde befördert, und die Mondlandefähre untergebracht.
- Treibstofftanks
- Triebwerk der dritten Raketenstufe
- Treibstofftanks
- Triebwerk der zweiten Raketenstufe
- Treibstofftanks
- Triebwerk der ersten Raketenstufe
- Stabilisierungsflossen

So klein sind Menschen im Vergleich zur Rakete.

„Modul" heißt so viel wie „Abteil". Man könnte auch „Kommandoabteil" sagen. Das Kommandomodul ist ziemlich klein und die Astronauten haben nur ganz wenig Platz. Von der Apollo 11 kehrte nur das Kommandomodul zur Erde zurück.

Im Weltraum gibt es kein Oben und Unten. Deshalb können die Astronauten auch auf dem Kopf durch das Kommandomodul schweben.

Das Raumschiff dreht sich um seine eigene Achse, damit es gleichmäßig von der Sonne erwärmt wird.

Die Landung auf dem Mond.

Mit der Mondlandefähre Eagle landen Neil Armstrong und Buzz Aldrin auf dem Mond. Neil Armstrong betritt den Mond als Erster.

Die Astronauten sammeln Mondgestein und Mondstaub.

Sie fotografieren die Mondkrater und die Mondoberfläche.

Winzige Teilchen strömen aus der Sonne und landen auf dem Mond. Die Astronauten nehmen Proben vom Sonnenwind.

Manchmal gibt es auf dem Mond Mondbeben wie Erdbeben bei uns auf der Erde. Die Astronauten messen die Schwingungen.

Zukunft auf dem Mond

Auf dem Mond soll es bald eine Mondstation geben. Sie wird für die Astronauten ein Zuhause im All sein. Die Luft in der Mondstation würde wie auf der Erde sein. So können die Astronauten dort ohne Raumanzüge leben.

Antennen: Mit ihnen können die Astronauten Bilder von der Erde empfangen und Bilder zur Erde schicken oder mit ihrer Familie telefonieren.

Sonnenkollektoren: Sie sammeln die Wärme der Sonne. Mit dieser Energie werden die Heizungen in der Mondstation versorgt. Außerdem liefern sie heißes Wasser.

Luftschleuse: Hier ziehen sich die Astronauten ihre Raumanzüge an und gehen die Treppe hinunter auf den Mond.

Wie schwer bist du auf dem Mond?

Erde: 36 Kilo

Mond: 6 Kilo

Eine Mondstation baut man am besten nahe an einem der beiden Mondpole. Denn in der Nähe der Mondpole scheint fast immer die Sonne. So kann man ausreichend Sonnenenergie gewinnen.

„Huch! Ich schwebe!“, ruft das kleine Mondtaub plötzlich.

„Ja“, sagt Oskar, „es gibt jetzt keine Erdanziehung mehr und im Raumschiff herrscht Schwerelosigkeit.“

Die beiden Mondtaube sind völlig aus dem Häuschen und hüpfen ausgelassen hin und her. Alles passiert in Zeitlupe. Die drei Astronauten haben ihre Raumanzüge ausgezogen und schweben durchs Raumschiff. Übermütig wirft Michael eine Banane in die Luft.

„Schwebende Banane gefällig?“, fragt er die anderen.

„Später“, sagt Neil. „Da meldet sich gerade die Erde: Kontrolle von Fehlermeldung 1201 und 1202.“

Neil setzt sich ins Cockpit und überprüft alles. Dann machen sich die Astronauten etwas zu essen. Es gibt kleine Tüten mit getrockneter Hühnerbrühe. Michael pumpt noch etwas heißes Wasser in die Tüten und die drei lassen es sich schmecken. Oskar und die beiden Mondtaube sind ganz neidisch, denn sie haben nichts zu essen mitgenommen.

„Vielleicht finden wir ja auf dem Mond was Leckeres“, meint das kleine Mondtaub und das große Mondtaub reibt sich den Bauch.

Vier Tage sind sie jetzt schon unterwegs. Da meldet sich die Erde: „Achtung! Ihr nähert euch nun dem Mond. Bitte die Eagle startklar machen.“

Neil und Buzz ziehen ihre Raumanzüge an und setzen sich in die Mondlandefähre Eagle. In letzter Minute quetschen sich die Mondtaube dazu. In seiner Aufregung hat das große Mondtaub völlig vergessen, Oskar auf seinen Rücken zu nehmen. So bleibt er mit Michael im Raumschiff zurück.

Als Michael in der Weltraumdusche verschwindet, macht Oskar sich auf den Weg zu den Vorräten. Sein Magen knurrt erbärmlich. Die kleinen Essenspakete sind alle mit Klettverschlüssen angeschnallt, damit sie nicht davonschweben. Er will gerade zugreifen, da hört er, wie sich die Tür der Weltraumdusche öffnet. Verdutzt schaut er sich um und sieht sich selbst in einem großen Spiegel.

Oje, denkt er, ich habe ganz vergessen, dass ich ohne das große Mondtaub nicht mehr unsichtbar bin!

Schleunigst sucht er ein Versteck, bevor Michael aus der Dusche kommt. Inzwischen landet die Mondlandefähre sicher auf dem Mond. Um 02:56 Uhr betritt Neil Armstrong als erster Mensch den Mond und mit ihm die beiden Mondtaube. Aber das bekommt auf der Erde natürlich niemand mit, weil sie ja keiner sehen kann. Sie juchzen vor Glück. Sofort probiert das große Mondtaub den Mondstaub.

Er schmeckt köstlich und die beiden Mondtaube essen sich erst einmal satt. Dann machen sie die wildesten Sprünge. Wenn sie auf der Erde so viel wiegen wie ein großer Hund, wiegen sie auf dem Mond nur noch so viel wie ein Kaninchen. Deshalb springen sie hier sechsmal so hoch und sechsmal so weit wie auf der Erde: 24 Meter weit und 24 Meter hoch.

Mittlerweile hat auch Buzz den Mond betreten. Die beiden Astronauten hissen die amerikanische Flagge. Anschließend erkunden sie vorsichtig die Mondoberfläche. Mit ihren Werkzeugen machen sie ein paar Mondsteine locker. Die wollen sie mit zur Erde nehmen. Mit Forschungsinstrumenten führen sie jede Menge Messungen durch. Nach zweieinhalb Stunden beenden sie ihren Mondspaziergang und kehren in die Eagle zurück.

Gerade noch rechtzeitig sieht das kleine Mondtaub, wie Neil die Leiter zur Mondlandefähre hochklettert.

„Komm!", ruft es dem großen Mondtaub zu. „Oder willst du hierbleiben?"

„Ich weiß nicht so recht", sagt das große Mondtaub.

„Schön ist es hier schon", sagt das kleine Mondtaub, „aber so einsam. Ich bin dafür, dass wir mit zurück zur Erde fliegen. Wir können ja ein anderes Mal wieder herkommen."

So hüpfen sie schnell in die Mondlandefähre. Buzz will den Antrieb der Eagle zünden. Doch er entdeckt, dass der Schalter abgebrochen ist. Das große Mondtaub rollt entsetzt mit den Augen. Aber das kleine Mondtaub zwinkert ihm zu und legt einen Filzstift direkt vor Buzz' Nase.

„Na, den Stift schickt der Himmel", sagt Buzz und zündet damit das Triebwerk.

Bald erreicht die Fähre die Mondumlaufbahn und koppelt an die Kommandokapsel an.

Oskar ist erleichtert, als die Mondtaube wieder im Raumschiff auftauchen. 22 Stunden hat er in seinem engen Versteck auf sie gewartet. Dann geht es zur Erde zurück.

Am 24. Juli um 16:50 Uhr landet die Kapsel im Pazifik. Acht Tage sind die Astronauten und ihre blinden Passagiere durchs All gereist. Das Bergungsschiff nimmt Neil, Buzz und Michael auf und die Welt feiert ihre Mondhelden. Dass auch die Mondtaube und Oskar dabei gewesen sind, ahnt natürlich kein Mensch.

Das große und das kleine Mondtaub kehren zurück auf ihren Berg und Oskar macht sich auf den Heimweg, zurück in seine Sternwarte. Dort ist es immer noch am gemütlichsten und von der Erde aus gesehen ist das Universum schließlich auch ganz schön.

Bis zum nächsten Abenteuer!

Hörbuchspaß mit Oskar

Gaby Rebling
*** Mit Oskar durchs Deutsche Museum:
Feuer, Funken, Dampfmaschinen**
ISBN 978-3-89353-242-18

**
Gaby Rebling
**Mit Oskar durchs Deutsche Museum:
Wasser, Wind und Pferdestärken**
ISBN 978-3-89353-219-3

***
Gaby Rebling
Oskar trifft Alexander von Humboldt
ISBN 978-3-89353-240-7

Oskar lebt in der Sternwarte des Deutschen Museums in München und kennt jedes Ausstellungsstück in dem großen Haus. Er unternimmt mit den Kindern stürmische Fahrten auf dem Meer, zeigt, wie sich die modernen Dampfmaschinen entwickelten und begleitet den berühmten Naturforscher Alexander von Humboldt auf seinen abenteuerlichen Reisen. Kommt doch einfach mit!

In Zusammenarbeit mit dem Deutschen Museum, München.

hoerstern-Download zum Sonderpreis: nur 7,95 €

*   www.hoerstern.de/oskar-wasser, **Code: SBwt15**
**   www.hoerstern.de/oskar-energie, **Code: SBeg45**
***   www.hoerstern.de/oskar-entdecker, **Code: SBed35**

*Weitere Informationen unter: **www.hoerstern.de** und **www.igel-genius.de***

Oskar und die Geheimnisse des Himmels

Auch als
mp3-Download

*
Gaby Rebling
Mit Oskar durchs Deutsche Museum:
Sonne, Mond und Sternenfahrer
ISBN 978-3-89353-226-1

Gaby Rebling
Mit Oskar durchs Deutsche Museum:
Federn, Drachen, Himmelsflieger
ISBN 978-3-89353-244-5
**

Mit Oskar ins Universum! Caroline schließt Freundschaft mit einem Meteoriten, Eduard und sein Hund führen spannende Experimente durch. Aber nichts ist so aufregend wie die Landung auf dem Mond!

Wer machte den Traum vom Fliegen wahr? Oskar nimmt die Kinder mit auf eine Reise zu Ikarus, fliegt mit dem Luftschiff um den Eiffelturm und ist dabei, wenn die Brüder Wright Luftfahrtgeschichte schreiben.

In Zusammenarbeit mit dem Deutschen Museum, München.

hoerstern-Download zum Sonderpreis: nur 7,95 €

*   www.hoerstern.de/oskar-weltraum, **Code: SBwr25**
**   www.hoerstern.de/oskar-luftfahrt, **Code: SBlf55**

*Weitere Informationen unter: **www.hoerstern.de** und **www.igel-genius.de***

Die Welt des Himmels und der Sterne

H. A. Rey
Der Große Bär im Sternenmeer
72 Seiten · Ab 6 Jahren
ISBN 978-3-7891-8451-2

Ein Astronomieklassiker für Kinder: Wer erkennt den Großen Bären, Orion oder den kleinen Hund? H. A. Rey, einer der bekanntesten amerikanischen Illustratoren, schuf mit dem Sternen-Buch einen Klassiker, der mit seinen Details, seinem Informationsreichtum, zahlreichen witzigen Miniaturen und Quizfragen zum Mitmachen begeistert. Mit einem Vorwort von Thomas W. Kraupe, Leiter des Planetariums Hamburg.

»Ein Standardwerk der Sternbildkunde!« (Süddeutsche Zeitung)

Oetinger

*Weitere Informationen unter: **www.oetinger.de***

Zahlenspiele für Vorschulkinder

Kristin Dahl / Mati Lepp
Meine schönsten Mathespiele –
Erster Zahlenspaß für Vorschüler
48 Seiten · Ab 5 Jahren
ISBN 978-3-7891-8455-0

Mathe findet man überall – wenn man weiß, wo! Kristin Dahl nimmt die Kinder mit in die Welt der Zahlen und landet direkt in ihrem Alltag: beim Einkaufen, beim Kochen, Anziehen, Malen und Basteln. Spiele rund ums Zählen, Messen und Rechnen wecken die Freude an der Mathematik, schulen das mathematische Verständnis und regen dazu an, eigene Ideen zu entwickeln.

Vom Erfolgsduo des Mathematik-Longsellers »Wollen wir Mathe spielen?«

Oetinger

Weitere Informationen unter: **www.oetinger.de**

Komm mit ins Abenteuer!

Zum Nachspielen:
Wunder der Tierwelt

Paul Beck
**Expedition Nebelwald –
Abenteuer Insekten**
ISBN 978-3-7891-8435-2

Phyllis Perry
**Expedition Unterwasserwelt –
Abenteuer Ozean**
ISBN 978-3-7891-8417-8

Schwirren, sirren, summen: Verborgen im feuchten Halbdunkel der Tropenwälder leben einige der faszinierendsten Insekten der Erde: gut getarnte Blattschneiderameisen, mörderische Gottesanbeterinnen und seltene Falter.

Seekühe, die auf Unterwasserweiden grasen, Riffhaie mit messerscharfen Zähnen, tödlich giftige Seewespen und angriffslustige Rotfeuerfische: Das Korallenriff vor der Küste Australiens bietet eine einzigartige, faszinierende Tierwelt.

Jeder Band mit acht Tiermodellen zum Zusammenbauen und Panoramakulisse.

Oetinger

Weitere Informationen unter: **www.oetinger.de**

Pop-up-Dinosaurier!
Ein Prachtband über die Riesen der Urzeit

Robert Sabuda / Matthew Reinhart
Dinosaurier (Pop-up)
12 Seiten · Ab 5 Jahren
ISBN 978-3-7891-4735-7

Jede Seite eine Überraschung: Das Dinosaurier-Pop-up-Buch liefert fundierte Informationen, den aktuellen Forschungsstand und faszinierende dreidimensionale Dinosaurier-Figuren. Aus jeder Doppelseite steht eine große Urzeit-Echse auf, hinter den Klappen verbergen sich weitere, ebenfalls als Pop-ups dargestellte Arten. Faszinierendes Papierkunstwerk und sachkundiger Informationsschatz zugleich.

Mehr als 35 Pop-ups in unterschiedlichen Größen und Informationen zu 50 Saurier-Arten.

»Überzeugt durch ausgefeilte künstlerische Gestaltung und fundiertes Sachwissen. Einfach sagenhaft!« (literaturmarkt.de)

Oetinger

*Weitere Informationen unter: **www.oetinger.de***